KB059384

끝까지 해내는 힘

考える力, やり抜く力 私の方法

中村修二 著

三笠書房 刊

2001

KANGAERU CHIKARA, YARINUKU CHIKARA, WATASHI NO HOUHOU

written by SHUJI NAKAMURA

Originally published in Japan in 2001

by Mikasa-Shobo Publishers Co., Ltd., Tokyo

끝까지 해내는 힘

나카무라 슈지 지음
김윤경 옮김
문수영 감수

세상의 상식을 거부한 2014 노벨물리학상 수상자 나카무라 슈지 이야기

비즈니스북스

옮긴이 **김윤경**

한국외국어 대학교를 졸업하고 일본계 기업에서 일본어 통번역과 무역 업무를 담당했다. 바른번역 아카데미에서 일본어 번역과정을 수료하고 현재 일본어 전문 번역가로 활동 중이다. 저자의 글을 통해 세상을 넓혀가며 일본어와 한국어 사이에서 언어의 매력에 빠져 오늘도 행복한 마음으로 글을 옮기고 있다. 옮긴 책으로는 《이나모리 가즈오, 그가 논어에서 배운 것들》, 《사장의 도리》, 《나는 상처를 가진 채 어른이 되었다》, 《괴테가 읽어주는 인생》, 《용서스위치》, 《10년 후 길을 잃지 않기 위한 중년지도》, 《프로의 경지》, 《3년 안에 결혼하기로 마음먹은 당신에게》, 《살찐 사람은 왜 빚을 지는가》, 《오늘이 마지막 날이라면》, 《불합리한 지구인》, 《내일을 바꾸는 3분 습관》, 《연결자》 등이 있다.

끝까지 해내는 힘

1판 1쇄 발행 2015년 5월 30일
1판 11쇄 발행 2022년 10월 5일

지은이 | 나카무라 슈지
옮긴이 | 김윤경
감 수 | 문수영
발행인 | 홍영태
발행처 | (주)비즈니스북스
등 록 | 제2000-000225호(2000년 2월 28일)
주 소 | 03991 서울시 마포구 월드컵북로6길 3 이노베이스빌딩 7층
전 화 | (02)338-9449
팩 스 | (02)338-6543
대표메일 | bb@businessbooks.co.kr
홈페이지 | http://www.businessbooks.co.kr
블로그 | http://blog.naver.com/biz_books
페이스북 | thebizbooks
ISBN 978-89-97575-87-9 03190

* 잘못된 책은 구입하신 서점에서 바꾸어 드립니다.
* 책값은 뒤표지에 있습니다.
* 비즈니스북스에 대한 더 많은 정보가 필요하신 분은 홈페이지를 방문해 주시기 바랍니다.

비즈니스북스는 독자 여러분의 소중한 아이디어와 원고 투고를 기다리고 있습니다.
원고가 있으신 분은 ms1@businessbooks.co.kr로 간단한 개요와 취지, 연락처 등을 보내 주세요.

승리는 끝까지 하는 자에게 돌아간다.

_나폴레옹

생각하는 힘, 끝까지 해내는 힘

나는 지금 미국 캘리포니아 주 샌타바버라에 살고 있다. 샌타바버라
는 태평양 연안의 이국적인 정취가 물씬 풍기는 캘리포니아 주 남부
에 자리한 도시다. 시내에는 스페인 풍 건물이 많이 남아 있는데, 특
히 올드 미션 샌타바버라Old Mission Santa Barbara(미국 캘리포니아 주에 포
교를 목적으로 건립된 오래된 교회인 21개 미션 중 10번째 미션 — 옮긴이)는
역사적으로도 중요한 건축물로 그 아름다운 모습을 보려는 관광객들
의 발길이 끊이질 않는다. 또한 이곳은 사계절 내내 온화한 기후가 이
어져 휴양지로도 유명하다. 바다를 내려다볼 수 있는 높직한 언덕에
는 유수한 고급 주택지가 형성되어 있어 미국인들 사이에서도 '살고

싶은 동네'로 손꼽히는 곳이다.

나는 바로 이 샌타바버라의 '호프랜치'Hope Ranch라는 고급 주택가에 살고 있다. 언덕의 중턱에 자리한 이 주택가에는 정·재계 거물이나 케빈 코스트너, 브래드 피트 같은 할리우드 스타들의 별장도 있다. 정녕 꿈같은 곳이 아닐 수 없다. 도쿠시마德島 현 촌구석에서 초라한 샐러리맨으로 지내던 내가 어떻게 미국인들마저 선망해 마지않는 곳에서 살게 되었을까?

수억 엔의 유혹을 뿌리치다

나는 현재 캘리포니아 대학교 샌타바버라 캠퍼스University of California Santa Barbara, UCSB의 공학부 교수다. 시내 중심지에서 차로 30분 정도 달리면 해안을 따라 광대한 캠퍼스가 펼쳐진다. 산뜻하게 다듬어진 초록빛 잔디밭에 1년 내내 형형색색의 꽃이 어우러져 피어 있고 학생 수는 약 2만 명에 이른다. 일본의 대학에서는 상상도 할 수 없던 스케일의 별천지다.

나는 이곳에 2000년 2월 19일부로 정식 부임했다. 그해 5월에는 가족도 이주해 왔다. 1999년 12월 일본에서 회사를 그만둘 당시에는 그간의 내 실적을 높이 평가해 준 미국의 한 기업으로부터 수억 엔이나 되는 연봉을 조건으로 입사 제의를 받았다. 1억 엔짜리 호화 주택과 10억 엔의 스톡옵션까지 주겠다며, 마치 최고의 프로야구 선수와 같은 파격적인 조건을 제시한 기업도 있었다. 당시 스카우트 제의를 해온 기업은 무려 다섯 군데가 넘었다.

또한 교수 자리를 제안한 대학교도 열 군데나 되었다. 스탠퍼드 대학교, 캘리포니아 대학교 로스앤젤레스 캠퍼스UCLA, 매사추세츠 공과대학교MIT 등 모두 유명한 대학교였다. 학장 대우를 제시한 곳도 있었다. 하지만 나는 이들 기업과 대학교의 제안을 모두 거절했다. 그러고 나서 선택한 곳이 바로 캘리포니아 대학교 샌타바버라 캠퍼스의 연구실이다. 나의 연구 분야에서는 세계 최고 수준으로 꼽히는 대학교이므로 내가 하고 싶은 연구를 마음껏 할 수 있으리라 판단했기 때문이다.

미국에서는 내 연구 성과를 이만큼이나 폭넓게 인정해 주는데, 의아하게도 일본 내 기업이나 대학에서는 어느 곳에서도 내게 손을 내밀지 않았다. 그렇다고 해서 불평을 하는 것은 아니다. 설령 제안을 받았더라도 거절했을 것이다. 훨씬 더 넓은 곳에서 도전하고 싶었고 일본에 비해 미국은 연구 예산도 풍족하고 자유롭다. 게다가 일본 기업에서는 다른 연구원들보다 더 좋은 조건으로 대우해 줄 수 없다는 인식이 늘 작용하기에 이런 환경에서는 제대로 연구할 수 없다는 생각이 들었다.

사실은 대학이 아닌 기업 연구실에서 일하고 싶은 마음도 있었다. 하지만 기업으로 간다면 아무래도 지금까지 몸담았던 도쿠시마의 회사와 경쟁하지 않을 수 없다. 분명 예전에 다니던 회사와 분쟁이 일어날 것이라고 생각되어 마지막 단계에서 대학교로 결정했다. 잘 알고 지내는 미국 교수들로부터 이런 말도 들었다.

　　"자네는 기업으로 갈 수 없어. 너무 유명해졌어. 대학교밖에 선택할 여지가 없지."

　　나를 대학교로 이끈 결정적인 한마디였다.

　　캘리포니아 대학교에서 제시한 연봉은 기업에 비하면 적기는 하지만 대학으로서는 파격적인 금액이었다. 신규 임용인데도 내 연봉은 16만 달러. 게다가 이 금액은 9개월분으로, 정부와 기업으로부터 연구 개발비를 받으면 그중에서 나머지 3개월분을 급여로 사용할 수 있는 조건이었다.

　　이곳은 기업과 군 관계 기관에서 연구비를 지원하고 있다. 그래서 어림잡아도 연봉이 22만 달러 정도가 된다. 연봉은 대개 단계를 밟아 오르기 마련이지만 내 경우는 한 번에 최고 수준에 오른 것이다. 미국에서는 연구 실적을 내면 그만큼 자신에게 대가로 돌아오는 것이 상식이다. 이른바 아메리칸드림을 가능하게 하는 원천이다. 대학교수들이 모두 대저택에 살고 있는 것도 이러한 체제가 갖춰져 있기 때문이다. 부족한 연구비를 이리저리 변통하느라 고생하고, 집도 돈도 없이 단지 명예와 지위만으로 만족해야 했던 일본에서는 생각조차 할 수 없던 일이다.

교수로 부임하자 대학 측에서 여러 가지 필요한 비품을 마련해 주었는데 비품을 고르는 것부터 일본과는 사뭇 달랐다. 책상도 의자도 내가 좋아하는 디자인과 색상으로 고르게 했다. 회색 사무용 책상이 나란히 놓여 있던 나의 옛 연구실이 무척이나 초라하게 느껴졌다. 이제 나는 풍족한 환경에서 누구에게도 방해받지 않고 하고 싶은 연구에 몰두할 수 있는 자리를 손에 넣은 것이다.

노벨상보다 벤처기업가를 꿈꾸다

잡지와 신문을 비롯한 여러 언론 기관에서는 나를 '노벨상에 가장 근접한 인물'이라고 추어올렸다. 물론 고마운 일이다. 《뉴욕 타임스》에서도 "일본의 발명가가 세계 굴지의 대기업을 앞질렀다."고 격찬을 아끼지 않았다. 캘리포니아 대학교 연구실로 자리를 옮기자 기업에서 일하는 것보다 대학에 몸담는 것이 노벨상을 받기에 더 좋은 조건이라고 말해 준 이도 있었다(2014년 청색 LED를 개발한 공로로 노벨물리학상을 수상했다 — 옮긴이).

노벨상은 내게 그렇게까지 중요한 의미는 아니다. 물론 받을 수 있다면 큰 영광이다. 하지만 만약 노벨상을 수상한다 해도 그것은 끝이 아니라 앞으로 새로운 과제에 도전하기 위해 지나가야 할 하나의 통과점일 뿐이다. 그보다도 지금은 벤처기업을 세워 10년 내에 성공시키고 싶은 열망이 더욱 간절하다. 동료 교수 중에도 자신의 힘으로 투자를 받아 벤처기업을 세운 사람이 있다.

"대학교수가 벤처기업을 세운다고?" 의아해 하는 사람도 있을 것이다. 일본의 대학에서 연구원은 연구실에 틀어박혀 오로지 연구에만 몰두하면 된다. 하지만 미국에서는 실력만 있다면 누구라도 자금을 자유로이 조달해 회사를 차릴 수 있다.

미국은 개인의 창조성을 살리고 키워 주는 나라다. 새로운 발명이나 발견, 개인의 능력을 발휘하는 일로 아메리칸드림을 실현할 수 있다. 그것은 또한 나의 꿈이기도 하다. 비록 바닥에서 다시 출발하는 상황이 되긴 했지만 3~5년쯤 지나면 창업도 가능할 것이다.

생각하는 힘,
끝까지 해내는 힘

내가 생각나는 대로 말하거나 허세를 부리는 것이 아니다. 독창적인 두뇌만 있으면 누구라도 꿈을 이룰수 있다. 나는 이 독창성을 끌어내는 방법을 알고 있으며, 아이디어를 현실화해서 성과를 얻는 노하우 또한 과거의 경험을 통해 확실히 알게 되었다.

그러한 경험에서 나온 것이 바로 청색 LED$^{Light\ Emitting\ Diode}$(발광다이오드)의 개발이다. 청색 LED라는 생소한 단어에 관해서는 본문에서 자세히 설명하겠지만 실제로 이 발명은 세상을 확 바꿀 정도로 엄청난 것이었다. 이 대단한 발명을 나는 혼자서, 더구나 도쿠시마 현 시골에 있는 중소기업 실험실에서 성공시켰다. 이 사실은 진정 무엇을 의미하는 것일까?

개발에 성공했을 당시에는 미처 깨닫지 못했지만 언젠가 불현듯 이런 생각이 들었다. 쾌거라고 불리는 일도 어쩌면, 발상의 전환과 이를 성공으로 이끄는 요령을 손에 움켜잡을 수 있다면 누구에게나 가능한 일이 아닐까? 이런 생각으로 지금까지 내가 걸어온 길을 되짚어보니 실제로 아주 단순한 일들이 쌓이고 쌓여 마침내 성공으로 이어졌다는 사실을 깨달았다. 오직 '생각하는 힘' 그리고 무엇보다 '끝까지 해내는 힘'만이 성공의 열쇠였다.

성공에 이르는 길은 누구에게나 열려 있다. 최첨단 시대에도 다를 바 없다. 내가 실천한 단순하고 손쉬운 방법이 앞으로 꿈과 목표를 좇아 미래로 나아가는 이들에게 조금이나마 도움이 되기를 바라는 마음으로 이 책을 썼다.

어려운 이론이나 높은 학력은 전혀 필요 없다. 아니, 오히려 방해가 될 뿐이다. 자신을 믿고 힘차게 앞으로 나아갈 용기만 있다면 꿈은 현실이 된다. 성공은 바로 당신의 눈앞에서 맴돌고 있다. 이것을 붙잡느냐 놓치느냐는 오로지 목표를 향한 집념과 발상의 전환에 달려 있다. 다시 말해 생각하는 힘, 끝까지 해내는 힘에 달렸다.

모든 것은 지금부터 시작이다. 물이 나올 때까지 우물을 파라. 당신이 성공이라는 우물을 파는 데 이 책이 보탬이 되기를 바란다. 반드시 그렇게 되리라 믿는다.

나카무라 슈지

PART 02 상상력이 없는 곳에는 지혜도 즐거움도 없다

PART 03 남들과 똑같은 방식과 인생에 안주하지 마라

PART 04 성공은 데이터가 아닌 집념으로 거머쥐는 것이다

PART 05 1퍼센트의 가능성에 도전하라

PART 06 스스로 믿는 자가 결국 모든 것을 얻는다

당신의 심장이 뛰는 곳에서 끝까지 하라

PART 1

대부분의 사람은
이제 더 이상 아이디어를 짜낼 수 없는
단계까지 가서는 의욕을 잃고 만다.
지금부터가 진짜이거늘…….

_토머스 에디슨(Thomas A. Edison, 발명가)

서툴러도 좋다
나만의 방식으로
승부하라

커다란 꿈을 실현하기 위해서는
무엇보다 독창성이 있어야 한다.
평범하고 어디에서나 볼 수 있는 발상이
거대한 부를 낳는 일은 없기 때문이다.
어떻게 하면 독창성을 창출할 수 있을까?
중요한 것은 무엇일까?

상식 밖의 아이디어가
창조의 씨앗이 된다

나의 경험에 비추어 보면 독창적인 아이디어는 그 아이디어가 '비상식적'이라고 판단되는 데서 시작된다. 독창적인 아이디어란 원래 비상식적이고 엉뚱하기 마련이다. 뒤집어 말해서 비상식적이므로 독창적인 것이다.

일본의 기업들은 회의를 너무 좋아해서 1년 내내 회의를 연다. 하지만 회의에서 나오는 아이디어라야 아무 데도 쓸모없는 상식적이고 시시한 의견뿐이다. 조금이라도 상식에서 벗어난 발상을 내놓으려 하면 "자네는 무슨 당치도 않은 말을 하고 있는 겐가?" 하고 묵살당하기 일쑤다. 이것이 회의의 특징이다.

이미 알고 있는 사람은 다 알겠지만 두세 명이 참석한 회의든 열 명 이상이 모인 회의든 회의라고 이름 붙여진 이상, 독특한 아이디어가 하나 나오면 마치 피라니아(살아 있는 동물을 공격해서 먹어 치우는 남미의 흉포한 물고기 — 옮긴이) 떼처럼 여럿이 달려들어 결국에는 제대로 의견을 개진하지 못하게 한다. 그러고는 "지금까지 나온 의견들을 참고하여 다음 회의 때까지 더 검토하시오."라며 말도 안 되는 결론으로 마무리하기 일쑤다.

이러한 회의의 실상을 파악하고 나면 그저 회의를 무사히 마치는 데 급급해져서 자리에 앉아 있는 사람들의 '상식'에 어긋나지 않는 아이디어를 내놓게 된다. 회의의 형식을 중요시하는 기업과 사회에서는 아무리 기발한 아이디어도 회의를 통하지 않고서는 그저 쓰레기에 불과하다.

아이디어는 이런 식으로 점점 상식화되어 간다. 하지만 상식에 얽매인 아이디어를 토대로 한 사업이 과연 크게 성장할 수 있을까? 간단한 제품 개발이나 소규모 사업은 가능할지 몰라도 큰 비즈니스에서는 어림도 없다. 누구든지 생각할 수 있는 발상을 세상에서는 독창적이라고 말하지 않는다. 따라서 형식적인 회의에서 발의된 아이디어는 아무런 의미도 없다.

비상식적인 아이디어야말로 발전 가능성과 큰 기회가 숨겨져 있음을 잊지 말자. 비상식적이기에 독창적이며 그렇기에 더더욱 가치가 있다. 독창성은 우선 회의에서 나온 상식적인 제안을 깨뜨리는 데서 싹이 튼다. '엉뚱한 발상'에 독창성의 씨앗이 숨어 있다.

나만의 아이디어에
긍지를 느껴라

이렇게 말하는 나도 사실 10여 년 동안이나 다른 사람들과 마찬가지로 그저 상식적인 일들에 매달렸다. 독창성 있는 아이디어로 가치 있는 제품을 만든다면서 오히려 일은 정반대로 했던 것이다.

어떤 제품을 개발하고자 할 때 우리는 맨 먼저 무엇을 하는가? 아마도 열 명이면 열 명 모두가 관련 자료부터 찾아볼 것이다. 누군가 어느 정도 길을 닦아 놓았을지도 모르고 실마리가 될 만한 내용이 있을지도 모르기 때문이다.

사실 어떤 분야든 이것저것 조사하다 보면 참고가 될 만한 논문이나 자료가 나오기 마련이다. 때로는 누군가가 취득한 특허 중에서 비슷한 기술을 발견하기도 한다. 그러면 왠지 힘이 난다. 나 혼자 생각한 것이 아니라 누군가 같은 생각을 하는 사람이 있다는 데 미묘한 안도감을 느낀다.

나 또한 그렇게 다른 사람의 논문을 조사해 가며 연구했다. 그리고 10년 동안 고생한 덕분에 세 가지 제품을 개발하는 데 성공했다. 대기업이 출시한 제품과 비교해도 결코 뒤지지 않을 제품이었다. 하지만 안타깝게도 잘 팔리지 않았다. 원인은 두 가지다. 우선 내가 몸담고 있던 회사가 시골의 중소기업이다 보니 동일한 제품으로 대기업과 경쟁하기에는 시장에서의 인지도가 너무 낮았다. 그리고 이 제품들 역시 독창성이 부족했다.

생각해 보자. 논문이나 자료를 보면서 나 말고도 같은 제품을 개발하기 위해 연구하고 있는 사람이 있다고 해서 쉽게 안도해서는 안 된다. 나 말고 또 있다는 것은 바꿔 말하면 그 제품에 독창성이 결여되어 있다는 뜻이다.

아무도 주목하는 사람 없이 나 혼자 하고 있다는 인식이 들 때야말로 오히려 긍지를 느껴야 한다. 혹시라도 내가 하는 일을 알게 된 누군가가 "자네는 참 어리석구만." 하고 비웃을지도 모른다. 어쩌면 아무도 하지 않는 비상식적인 일을 하려 든다는 이유로 상대해 주지 않을 수도 있다. 하지만 내 경험에 따르면 비상식적인 일에 도전하는 일이야말로 독창적이며 획기적인 제품을 발명하는 첫걸음이다. 비상식을 두려워하지 마라!

성공하고 싶다면
철저히 혼자가 돼라

독창성 있는 일을 하기 위한 또 한 가지 중요한 요건은, 내 경우에는 어떤 일이든 혼자 하는 것이었다. 형식적인 회의에서 아무리 회의를 거듭한들 독창적인 아이디어는 나오지 않는다. 하지만 혼자라면 무엇을 생각하든, 무엇을 준비하든, 심지어 터무니없어 보이는 제품을 모색할지라도 자유롭게 할 수 있다. 모든 것을 자신이 결정할 수 있다. 그것이 상식적인 일인지 비상식적인 일인지도 스스로 판단하여 결정하면 된다. 다른 사람의 의견을 좇지 않고 철저히 자신의 판단에 따를 수 있다.

이처럼 모든 과정을 혼자서 해내는 것은 독창성 있는 제품을 만드는 데 반드시 필요하다. 설령 원하는 결과를 얻지 못한다 해도 자기 자신에게 집중할 수 있기 때문이다. 주위에서 잡음이 들려오면 들려올수록 연구에는 집중할 수 없다. 특히 한 번 실패라도 하면 이러쿵저러쿵 쓸데없는 참견을 하는 사람들이 꼭 나타난다. 나를 위하는 척 조언을 하면서 자신의 이익을 꾀하는 이기적인 사람도 있다. "이게 좋겠네, 저게 좋겠네." 하며 이것저것 충고하다 결국에는 그만두는 게 어떠냐고 오지랖 넓은 충고까지 한다.

이러한 잡음에 시달리다 보면 연구는 제대로 진척될 리 없고 깊이 생각하는 데도 방해가 된다. 자신의 일이나 연구에 집중하고 싶다면 차라리 혼자가 되는 게 낫다. 내 경우에는 목표로 삼고 있던 결과가 좀처럼 나오지 않자 회사가 아예 나를 무시했다. 내게 말해 봤자 소용도 없고, 어차피 쓸 만한 제품을 만들어 낼 턱이 없다고 포기했던 것이다. 나로서는 회사가 이래라저래라 참견하지 않으니 되레 다행이었다. '돈 잡아먹는 귀신'이라고 빈정대는 말까지 들어야 했지만 일에 관해서는 까다로운 요구가 없어졌다.

그제야 비로소 나는 연구에 몰두할 수 있었다. 일단 잡음이 사라지자 나 자신에게는 물론 연구에도 집중할 수 있었다. 하지만 여전히 결과는 나오지 않았다. 점점 기가 꺾여 갔지만 그럴수록 더욱더 연구에 전념했고, 마침내 놀랄 만한 결과를 얻었다. 어떤 일에 성공하고 싶다면 다른 사람을 모방하거나 휘둘리지 말고 자신만의 방식을 세워 철저히 따라야 한다.

나만의 방식은 끝까지 해내는 과정에서 탄생한다

자신만의 방식을 구축하려면 어떻게 해야 할까? 아니, 자신만의 방식은 어떻게 찾아야 하는 걸까? 한 가지 기억해야 할 점이 있다. 자신만의 방식이라고 해서 원래 자기 안에 있는 게 아니며 또한 타인에게 배워서 생기는 것도 아니라는 사실이다. 물론 그렇다고 해서 두 손 놓고 가만히 있어서는 결코 발견할 수 없다.

그러면 어떻게 찾아야 할까? 자신만의 방식은 어떤 일을 철저하게 끝까지 해내는 과정에서 생겨난다. 제품 개발과 관련해 말하자면 묵묵히 하나의 제품을 자신의 손으로 직접 완성하는 동안 자기만의 방식이 생겨난다. 즉, 스스로 완수한 일의 성공과 실패의 경험 속에 자기만의 방식이 감춰져 있다. 그러므로 자신의 고유한 방식을 찾아 내려면 어떻게든 자신의 손으로 무언가를 완성하고 반드시 실현시켜야 한다.

나는 입사 후 약 10년 동안 세 가지 제품을 완성했다. 분명 잘 팔리지는 않았지만 3~4년에 한 번은 신제품을 만든 셈이다. 이 과정에서 나만의 방식이 생겨났다.

한때는 반년 동안이나 아무런 결과도 내지 못했다. 회사는 겨우 비품을 살 수 있을 정도의 비용만 지급해 주었다. 당시 회사의 규모가 작았던 탓에 설비 투자도 제대로 할 수 없었다(내가 입사한 1979년 당시 직원 수는 200명이었고, 이 책이 출간된 2001년에는 1,800명이었다). 그래서 나 혼자 여러 가지로 궁리하고 장치를 개조했다. 이때부터 나만의 방식이 확립되었던 것이다. 꾸준히 장인처럼 실험 장치를 만들었던 경험이 얼마나 중요한 일인지를 나는 나중에서야 알게 되었다.

결점을 빨리 파악하는 능력이
오히려 독이 된다

대기업 연구원들은 대부분 자신이 직접 연구 장비를 개조하는 성가신 작업은 하지 않을 것이다. 필요한 장비가 있으면 기존 제품을 사 오면 되고 그만큼 자금도 충분하다. 대부분은 장비를 개조하는 것이 오히려 시간 낭비라고 여긴다. 혹은 자회사에서 개조하도록 지시하기도 한다.

최첨단 분야의 연구원들은 자질구레한 일상 작업에 시간을 빼앗기지 말고 그 시간에 더욱 수준 높은 연구에 매진해야 한다고 생각한다. 현장에서 직접 작업하는 것이 아니라 오히려 현장을 총괄하는 일이라든지, 아니면 이론적인 분야에 시간을 쏟아야 한다고 믿는다. 그래서 연구실에 틀어박혀 해외 문헌이나 자료를 찾는 일을 가장 중요하게 여긴다.

일류 국립대학 출신 연구원들은 특히 그런 경향이 있는 듯하다. 이들은 확실히 명석한 두뇌와 예리한 판단력을 지니고 있으며 지식도 풍부하여 장치의 결점이나 연구 성과가 오르지 않는 원인을 금세 파악한다. 그리고 대개 제품이 완성되기 직전 단계에서 포기하고 만다. 더 이상 연구를 계속해 봤자 헛수고라고 판단하는 것이다.

하지만 이런 자세로는 자신만의 독자적인 방식으로 제품을 완성시킬 노하우를 발견하지 못한다. 사실 자기만의 방식은 일종의 독특한 '감' 같은 것으로 이론적으로 설명할 수 있는 게 아니다. 제품이든 무엇이든 자신의 힘으로 완성했을 때 비로소 자신만이 알게 되는 '직감'이다. 따라서 아무리 연구를 많이 하고 해외의 다양한 사례를 알고 있다 해도 제품으로 완성해 본 적이 없는 사람은 자기만의 방식을 도저히 찾아낼 수가 없다.

자신이 직접 공들여 제품을 완성하는 과정에서 퍼뜩 보이는 어렴풋한 불빛 같은 것, 그것이 나중에 자기만의 방식이 된다. 그리고 이렇게 얻은 노하우를 철저히 믿고 앞으로 나아갈 때 더욱더 큰 성공을 거둘 수 있다.

남의 말을 무조건
따르지 마라

큰 성공을 거머쥘 수 있는 또 한 가지 비결은 일단 낙천적이어야 한다는 점이다. 낙천적이라기보다 적극적이라고 하는 편이 좋겠다.

내 전공 분야는 전자공학이지 물리가 아니다. 반도체를 개발할 때 물리를 전공한 사람의 눈에는 나의 연구 방식이 무척 미련하게 보였을 테지만 나는 전혀 신경쓰지 않았다. 하지만 전문 지식이 없는 편이 오히려 더 좋은 결과를 내기도 한다. 다른 사람들이 가지 않은 길에도 반드시 길은 있다.

설령 전문가가 보기에는 어리석어 보이는 일일지라도 나는 전혀 개의치 않고 시도했다. 그들이 "그런 방법으로 될 리가 있나!"라며 비웃어도 나는 항상 "네, 됩니다!"라고 당당하게 대답했다. 여기서 자신감을 잃는다면 조금도 앞으로 나아갈 수 없기 때문이다.

전문가가 하는 말이 모두 옳다고만은 할 수 없다. 그들은 전문 분야에 대해서는 정통할지 몰라도 그 밖의 일에는 무지하고 편협한 사고에 갇혀 있다. 마치 머리만 컸지 좁은 시야밖에 내다볼 수 없는 일본 장수도롱뇽(일본에만 서식하는 대형 도롱뇽으로 몸길이가 최대 1.5미터에 달한다—옮긴이)과도 같다. 남들이 뭐라고 하든 자신이 하고자 마음먹은 일이라면 할 수 있다고 믿고 앞으로 쭉쭉 나아가야 한다. 목표를 향해 끝까지 자신을 움직여라! 주위 환경에 현혹되어 주춤할 여유가 없다.

지기 싫어하는 성격이
남다른 끈기로 이어지다

내가 이렇게 적극적인 이유는 아마도 지기 싫어하는 성격 때문일 것이다. "잘될 것 같은가?"라는 질문에 "불가능합니다." 또는 "안 될 것 같습니다."라고 대답한다면 이는 스스로 패배를 인정하는 꼴이다. 나는 이런 상황을 도저히 용납할 수 없다. 설사 아무런 희망이 보이지 않더라도 나는 "될 겁니다!"라고 대답한다. 그 정도 투지도 없다면 성공을 기대하기 어렵다.

실제로 나는 대학원을 졸업하고 한 기업에서 면접을 봤을 때 "자네는 무엇을 하고 싶은가?"라는 질문에 "무슨 일이든 할 수 있습니다."라고 대답했다. 요즘 이렇게 대답했다가는 바로 불합격 처리가 될 것이다. 하지만 당시 나로서는 솔직한 마음이었다. 대학원을 졸업했을 때 무엇이든 할 수 있다는 자신감이 있었기 때문이다.

특별히 명확한 근거가 있었던 것도 아니다. 하지만 자신감만은 대단했다. 무슨 일이든 상관하지 않고 거침없이 할 수 있을 것 같았다. 물론 처음부터 잘할 거라고는 생각하지 않았다. 처음에는 바닥에서 시작하더라도 어떻게든 하다 보면 위로 올라갈 수 있다고 생각했다.

나는 어릴 때부터 지기 싫어하는 성격이었던 데다가 한 가지 일에 깊이 파고들기를 좋아했다. 무엇이든 한 가지에 몰두해 끝까지 해내는 데는 자신이 있었다.

아무래도 지기 싫어하는 성격은 어린 시절에 길러진 것 같다. 나는 사남매 중 셋째로, 맨 위가 누나, 두 살 위인 형과 한 살 아래인 남동생이 있다. 삼형제 중에서는 가운데다. 삼형제는 어릴 때부터 어지간히도 기운이 넘쳐서 매일 싸우는 게 일이었다. 음식을 먹을 때면 눈깜짝할 사이에 다 없어지기 때문에 늘 쟁탈전을 벌이고는 했다. 어린 시절부터 경쟁 속에서 살아온 것이다. 형한테든 동생한테든 일단 지면 좋아하는 음식을 먹을 수 없고 좋아하는 일도 할 수 없었다. 져서는 안 된다는 의식이 자연스레 몸에 뱄다. 이러한 경험은 무언가 어려운 일에 도전할 때 도움이 되었다. 전공과 다른 일을 맡게 되었을 때도 남들이 뭐라 하든 "이까짓 것쯤이야!" 하며 힘껏 버텼다.

한 가지 일에 몰두하는 성격은 어쩌면 타고난 것인지도 모른다.

나는 특별히 재능이 있어 무엇이든 잘하는 아이가 아니었다. 도리어 반대였다. 나는 똑똑한 편도 아니고 요령 있게 일을 잘하지도 못한다. 오히려 서툴지만 꾸준하게 하는 편이다. 한 가지 일을 우직하고도 깊이 있게 추구해 왔기 때문에 이제는 무엇이든 할 수 있다는 자신감이 생겼다. 비록 처음에 성과가 나오지 않아도 언젠가는 좋은 성과를 낼 수 있고 꼭 해내 보이겠다는 자신감, 이것이 바로 내가 성공한 근원적인 이유다.

《우주소년 아톰》을 보며 키운 과학자의 꿈

지기 싫어하는 성격도 그렇지만 어릴 적 깊이 생각에 빠지던 습관 또한 어른이 되어서까지 이어졌다. 철이 들 무렵에는 《소년매거진》과 《소년선데이》라는 만화잡지의 과학물에 푹 빠졌다. 특히 데즈카 오사무手塚治虫의 만화 《우주소년 아톰》에 상당히 큰 영향을 받았다. 아톰을 만든 오차노 미즈 박사(한국에서는 '유식한 박사'로 등장했다—옮긴이)에 푹 빠져서 나도 그런 과학자가 되고 싶었다. 그때부터 과학자가 되기를 꿈꾸며 오늘까지 살아왔다는 생각이 든다. 다만 이과 계열을 선택했던 것은 아톰과는 그다지 관계없다. 왠지 그냥 이과가 좋아졌다고밖에 설명할 수가 없다.

대개 성적이 올라 자신감이 붙어서 그 과목이 좋아졌다는 말들을 많이 하지만 나는 초등학교 때 성적이 별로 좋지 않았다. 굳이 이유를 찾아본다면, 아버지가 시간이 날 때면 산수를 가르쳐 주었던 일에 영향을 받았을지도 모른다. 초등학교 고학년 때쯤부터 산수만큼은 잘할 수 있게 되었다. 산수와 이과는 비슷한 데가 있으므로 덩달아 이과도 좋아하게 된 것 같다.

이렇게 말하면 자못 교육적인 가정환경에서 자란 것처럼 보이지만 실제로 아버지가 가르쳐 준 것은 곱셈 정도였으며 부모님은 자식들을 자유롭게 내버려 두면서 키우는 편이었다. 그래서인지 자나 깨나 형제끼리 싸우면서 컸다.

한 가지 문제에 깊이 파고드는
나만의 방법

나는 1954년 5월, 아버지 도모키치友吉와 어머니 히사에ヒサエ의 차남으로 태어났다. 태어난 곳은 에히메愛媛 현 니시우와西宇和 군 세토초오쿠보瀬戸町大久保로 당시는 '세토무라'瀬戸村라고 불리던 곳이다. 세토초오쿠보는 일본에서도 가장 긴 사다미사키佐田岬 반도의 중간쯤에 위치해 있다. 어릴 적에는 버스도 다니지 않아 나무로 만든 배를 타고 이웃 마을로 다니곤 했다.

마을에는 중학교까지밖에 없어서 이 고장의 장남을 제외한 나머지 형제들은 중학교를 졸업한 후에 대개 오사카나 도쿄로 취직해 고향을 떠났다. 나 역시도 그럴 작정이었다. 하지만 내가 초등학교 2학년 때 시고쿠전력四国電力 주식회사의 사원으로 변전소의 보안 관련 일을 하고 있던 아버지가 가까운 오즈大洲 시로 전근을 간 덕분에 내게도 진학의 길이 열렸다.

하지만 중학교 때 성적도 좋지는 않았다. 수학 성적은 좋았지만 역사와 지리 같은 암기 과목 성적이 형편없었다. 역사나 지리 수업은 생각만 해도 혐오감이 들 정도로 싫었다.

아무리 생각해도 역사 시간에 몇 년 몇 월에 무슨 일이 있었는지를 왜 외워야 하는지 도무지 이해할 수가 없었다. 선생님에게 질문을 해도 "시험에 나오니까."라는 대답밖에 들을 수 없었다. 왜 죽어라 외워야 하는 것일까. 머릿속에 항상 그러한 의문이 있었기에 외우려고 해도 외워지지가 않았다.

시간이 지나면서 그 의문은 혐오감으로 바뀌었고 급기야 머리가 받아들이지 않게 되었다. 당연히 성적은 좋지 않았다. 그 상황은 나이가 들어도 이어져서 지금도 나는 의미 없이 외우는 것을 무척 싫어한다. 이러한 일에 시간을 들이는 것은 그야말로 시간 낭비다. 암기 과목에 비해 수학은 기본 공식만 외우면 그다음은 저절로 풀린다. 외우는 일은 최소한으로 끝난다. 나는 공식을 외우는 일도 고역이었지만 스스로 문제를 차근차근 풀어 가는 것을 좋아했다.

끝없이 깊게 파고 들어가는 나만의 방식은 이때 싹텄는지도 모른다.

성적이 아닌 리더십으로
반장이 되다

회사에서는 괴짜 취급을 받았지만 친구를 사귀는 데는 무척 자신이 있었다. 초등학교 때부터 친구를 잘 사귀었는데 그중에서도 특히 남자아이들을 잘 구슬렸다. 그 때문인지 성적은 좋지 않은데도 학급 임원에는 자주 뽑혔다. 여학생들은 몰라도 남학생들을 통솔하여 어우르는 데는 꽤 자신이 있었다.

초등학생 때는 단지 친구들을 잘 사귄다는 이유만으로 학급 임원이 될 수 있었지만 중학교에 들어가니 상황이 달랐다. 성적이 20등 안에 드는 학생들의 명단을 교실 벽에 붙여 놓았기 때문이다. 학급 임원이 우등생 명단에 들지 못한다면 너무나도 창피한 일이다.

그래서 중학교 1학년 말부터 조금씩 공부를 하기 시작했다. 덕분에 그때까지 영 신통찮았던 성적이 올라 간신히 20등 안에 들 수 있었다. 하지만 역시나 변함없이 우수한 과목은 수학을 비롯한 이과 계열이었고 암기 과목은 성적이 별반 오르지 않았다.

성적을 올리는 가장 손쉬운 방법은 역사나 지리같이 암기가 필요한 과목에 집중하는 것일 테지만 결국 마지막까지 이들 과목은 혐오감만 잔뜩 가진 채 열심히 공부하지 않았다.

지금 생각해 보면 여기서도 완강하게 나만의 방식을 고집했다고 볼 수 있다. 하지만 당시는 이러한 생각을 할 여지도 없을 정도로 동아리 활동에 열중해 있었다.

만년 꼴찌 배구부에서
인생을 배우다

중학교에 입학했을 때 두 살 위인 형이 배구부의 주장을 맡고 있었다. 형은 나를 강제로 배구부에 들어가게 했다. 운동신경이 좋은 편도 아니었지만 어쩔 수 없이 배구를 배우게 되었다.

배구부에서는 무지막지한 스파르타식 훈련을 시켰다. 365일 쉬는 날이 없었다. 토요일은 오후부터 하늘이 캄캄해질 때까지 그리고 일요일에도 아침부터 저녁까지 연습을 해야 했다. 그런데도 시합에 나가면 우리 팀이 가장 약했다.

당시 오즈 시에는 배구팀이 세 개밖에 없었는데 그중에서도 우리 팀은 언제나 꼴찌였다. 연습은 밤낮 없이 하는데 왜 항상 최하위였을까? 코치를 전담하는 교사가 없었기 때문이다. 배구부는 학생들이 자율적으로 운영하는 동아리였다. 주장이었던 형은 그저 연습만 하면 실력이 붙을 것이라고 우겼다. 연습도 자기 방식대로였고 단순하게 훈련했다. 그러니 다른 팀을 도저히 이길 수 없었던 것이다.

하지만 나는 그만두지 않고 3년 동안 훈련을 계속했고, 고등학교에 진학해서도 배구부에 들어갔다. 나로서는 운동 능력에 슬슬 한계를 느끼고 있던 때로, 솔직히 말하자면 더 이상 하고 싶지 않았다. 그러나 친구가 권하면 거절하지 못하는 성격이다.

초등학교 때부터 나는 친구들과 왁자지껄 몰려다녔고 그 덕에 학급 임원까지 되었다. 이러한 교우 관계뿐이다 보니 딱 잘라 "노!"라고 말하지 못한다. 게다가 6명이 한 팀을 이루는 배구에서 내가 빠지면 인원수가 부족했다. 그래서 할 수 없이 들어간 오즈 고교 배구부는 중학교 시절의 배구부와 마찬가지로 약체였다. 에히메 현 대회에서는 항상 꼴찌를 도맡아 했다.

이제 와 돌이켜보면 다행이었다는 생각이 든다. 덕분에 나는 패배를 인정하지 않고 허세를 부리는 일이 없었다. 배구만큼은 역시 우리들 나름대로의 방식으로 어떻게든 해왔다는 묘한 자신감이 생겨났다. 이 경험이 모든 사물과 현상을 나만의 방식으로 생각할 수 있는 토대를 다져 주었다고 믿는다.

나만의 생각은 좋든 나쁘든 독창적인 생각을 낳는다. 무언가에 영향을 받거나 다른 이에게 배워서는 좋은 아이디어나 독창적인 발상이 떠오르지 않는다. 독창적인 일을 하려면 항상 스스로 깨어 있어야 한다. 나의 자립정신은 배구부의 경험을 통해 길러진 것이 아닐까 싶다.

배구 연습에 열중하다 보니 성적이 오를 리 없었다. 보통 5개 반이 성적순으로 나뉘어 있었는데, 입학 초기에는 성적이 좋은 학생들만 모아 놓은, 이른바 진학반에 들어갔다. 하지만 성적은 꼴찌에 가까웠다. 40명이 있는 반에서 40등 근처를 맴돌았다. 그런 나를 보다 못한 담임 선생님이 이렇게 충고한 적이 있다.

"계속 운동부에 있으면 성적이 떨어져 곧 하급반으로 밀려날 거다. 진학할 생각이라면 배구부를 그만두는 게 좋겠다."

실제로 육상부에 속해 있던 동급생 한 명이 공부를 따라가지 못해 하급반으로 떨어지고 말았다. 하지만 나는 끝까지 동아리 활동을 그만두지 않았다. 내가 빠지면 6인조 배구팀을 유지할 수 없을뿐더러 그만큼 친구들과의 관계가 소중했기 때문이다. 결국 반 친구들은 모두 운동부를 그만두고 수험 공부에 전념하고 있는데 나만 여전히 배구 연습으로 365일을 보냈다. 그래도 다행히 성적이 차츰 올라 반에서 딱 중간, 20등 정도는 되었다.

만일 배구부를 그만두고 공부에 전념했다면 성적이 더 올랐을지도 모른다. 1등을 했을지도 모른다. 하지만 그런 식으로 편한 길을 택했더라면 어떤 일에 실패했을 때 '두고 보자!' 하는 불굴의 정신도 느슨해지지 않았을까? 또한 내가 원하는 일에서는 앞뒤 재지 않고 맞서 나가는 강인한 의지도 기르지 못했을 것이다.

막다른 골목에서
새로운 가능성을 찾다

지금도 나는 배구부를 그만두지 않기를 잘했다고 생각한다. 성적은 고만고만해도 배구부에 몸담은 덕분에 정신력을 단련할 수 있었기 때문이다. 연습을 하고 또 해도 팀 성적은 항상 최하위였지만 그럼에도 좌절하지 않고 노력을 거듭했다. 상당한 끈기가 생긴 것만은 틀림없다. 엄청나게 고된 훈련을 해도 언제나 결과는 꼴찌! 그래서 어떤 일에도 동요하지 않는 정신력과 강인한 의지가 몸에 밴 것이리라. 훗날 내가 연구에 몇 번이나 실패하고도 좌절하지 않고 다시 도전할 수 있었던 것은 모두 중·고등학교 시절 배구부에서 고생하며 훈련했던 경험 덕분이다.

결과에 굴복하지 않고 꾸준히 반복했던 배구 연습과 똑같은 일을, 나는 나중에 실험실에서 제품을 개발하면서 다시 맛보았다. 실험에 실험을 거듭해도 실패의 연속이었지만 결코 포기하지 않고 끝까지 실험을 해냈다.

몸은 지칠 대로 지쳐 있어도 정신력으로 버티며 "한 번만 더!" 하고 공을 받아넘기던 연습은 그대로 실험실에서 내 모습이 되었다. '내가 질쏘냐!' 하고 막바지까지 스스로를 다그쳤던 정신이 그때 다져진 덕에 지금의 성공이 있었다. 살다 보면 일에서도, 인생에서도 막다른 궁지에 몰릴 때가 있다. 옴짝달싹도 할 수 없는 상황에 부딪혔을 때 대부분의 사람들은 어떻게 하는가? 머리가 좋은 사람이나 책만 읽은 사람은 더 이상 불가능하다고 포기한다. 재빨리 체념하고 다른 새로운 일을 시작할 것이다.

명문대 출신의 똑똑한 사람은 어느 정도 결과를 예측할 수 있으므로 막다른 궁지에 몰리는 일도 적을 것이다. 만약 그런 일이 생기더라도 좀 더 성공 확률이 높은 분야로 바꿀 것이다. 하지만 그들도 이럭저럭하는 사이에 아무것도 완성하지 못한 채 인생이 끝나 버린다.

한두 번의 실패, 아니 다섯 번, 여섯 번의 실패로 포기한다면 아무것도 만들어 내지 못한다. 백 번, 이백 번 도전했다가 실패하더라도 "조금만 더!" 정신으로 자신을 엄하게 몰아세우면 반드시 어딘가에서 빛이 보일 것이다. 아주 미미한 돌파구라도 상관없다. 돌파구만 보인다면 상황은 단번에 달라진다. 막다른 골목을 새로운 가능성으로 향하는 통로로 바꿀 수 있다. 이 꺾이지 않는 의지를 나는 중·고등학교 때 배구부에서 배웠다.

"잘될 것 같은가?"라는 질문에
"불가능합니다." 또는 "안 될 것 같습니다."라고
대답한다면 이는 스스로 패배를 인정하는 꼴이다.
설사 아무런 희망이 보이지 않더라도
나는 "될 겁니다!"라고 대답한다.
그 정도 투지도 없다면 성공을 기대하기 어렵다.

판단을 멈추는 시간은
왜 중요한가

중·고등학교 시절에 성적이 우수했던 과목이 또 있다. 의외일지도 모르지만 미술과 공작이었다. 특히 그림에는 형제들 모두 소질이 있었다. 따로 배운 적도 전혀 없는데 초등학교 고학년쯤부터 모두 그림에 두각을 나타냈다. 나는 공작도 아주 잘해서 선생님이 무언가 만들라고 시키면 그게 무엇이든 척척 만들어냈다. 아마도 어떤 대상을 보는 시각이 남들과는 다소 달랐던 것이 아닐까 싶다.

고등학교 2학년인가 3학년 때 있었던 일이다. 미술 시간에 색종이를 적당히 잘라 붙여서 사계절을 표현하라는 주제가 주어졌다. 봄은 이렇고, 여름은 저렇고, 순차적으로 색종이를 붙여 사계절을 표현했다. 80명 정도가 참가한 수업에서 나는 춘하추동 모두 5위 안에 뽑혔다. 그 어느 것도 색을 생각해서 붙인 것이 아니다. 그저 생각이 떠오르는 대로 탁탁 붙였을 뿐인데 그 작품이 명확하게 사계절을 나타냈던 것이다. 아마도 그건 잘했느냐 못했느냐의 문제가 아니라 자연을 인식하는 감성에 남다른 부분이 있어서였을 것이다.

'자연을 받아들이는 감성'이나 '소소한 풍경도 그냥 지나치지 않고 유심히 바라보는 성향'은 지금도 여전하다. 나는 바다면 바다, 산이면 산을 한 시간이고 두 시간이고 하염없이 바라보기를 좋아한다.

아무것도 생각하지 않고 그저 멀거니 바라볼 뿐이다. 어릴 때부터 아무리 오래 바라보고 있어도 전혀 질리지 않았다. 내가 멍하니 자연을 바라보고 있는 상태는 일시적으로 '판단을 멈추는 시간'이다. 이 시간이 사물의 본질을 꿰뚫어 보는 데 얼마나 중요한지를 깨달은 것은 한참 후의 일이다.

사물의 본질을
들여다보라

우리는 사물을 보거나 떠올릴 때, 그 '본질'을 보기보다는 항상 어떤 식의 '판단'에 좌우되는 경향이 있다. 가령 에스컬레이터를 탈 때 도쿄에서는 오른쪽을 비워 두고 급하게 가야 할 사람이 지나갈 수 있게 한다. 오사카에서는 반대쪽이지만 어쨌든 에스컬레이터를 이용할 때는 그러한 방법이 옳다고 판단하는 것이다. 판단이라는 거창한 단어를 쓰지 않더라도 그것이 상식이라고 생각한다.

하지만 이 사례는 에스컬레이터의 '본질'과는 아무 관계가 없다. 그러므로 사물의 본질을 파악하기 위해서는 이러한 판단을 잠시 중단해야 한다. 즉, 에스컬레이터 자체를 생각할 때는 본질과 상관없는 판단은 잠시 머리 한구석으로 밀어 두어야 한다. 일시적으로 판단을 정지시키면 마음에 떠오르는 모습 그대로 사물이 보일 것이다. 이치나 상식의 기준에 좌우되지 않는 사물의 본질 말이다.

어릴 적부터 내가 멍하니 있던 때는 이렇게 판단을 좌우하는 요소를 모두 묶어 잠시 멈춰 놓은 상태였을 것이다. 따라서 마음에 떠오르는 생각을 선입견 없이 그대로 받아들일 수 있었다.

나중에 어려운 실험을 반복할 때마다 나는 언제나 시골의 산과 들 그리고 구름을 바라보면서 멍하니 있곤 했다. 실험에 관한 자료와 문헌, 다른 학자들의 의견 등 외적인 판단은 꼭꼭 덮어 두었다. 환경과 요건에 좌우되지 않고 사물의 본질에 다가갔기에 새로운 아이디어를 얻을 수 있었다.

어리숙한 아이가 언젠가는
신동을 앞지른다

그러고 보니 나는 어릴 때부터 '멍하니 있는 아이'라는 말을 많이 들었다. 동네 사람이 찍어 준 사진을 봐도 왜 그런지 나만 혼자 카메라 렌즈를 쳐다보지 않고 있다. 어디에 초점을 맞추고 있는지 알 수 없는 얼굴로 우두커니 서 있다. 나도, 사진을 찍은 사람도 당시에는 미처 알아차리지 못했지만 왠지 나는 언제나 혼자 멀거니 생각에 빠져 있었던 것 같다. 주위 사람들에게는 약간 별난 아이로 보였을지도 모르겠다.

하지만 어릴 때 총명했던 아이라고 해서 반드시 재기가 번득이는 어른으로 성장하는 것은 결코 아니다. 어릴 적에 예민하고 무슨 일에든 생각이 잘 미치며 이해도 빨라 성적이 좋았던 아이가 어른이 되어서는 크게 성공하지 못하는 경우도 많다.

즐거운 표정으로 학원을 오가면서, 돌아오는 전차나 버스 안에서 산수는 몇 점을 맞았네, 국어와 사회는 몇 점이니까 어디어디에 있는 사립중학교에 들어가는 건 문제없네 하고 의기양양한 얼굴로 떠드는 아이들은 큰 인물이 되지 못한다. 당돌하고 어른이 무색할 정도로 말을 잘하는 아이를 보고 "이 아이 대단하네. 어른이 되면 출세할 거야."라는 주변의 반응도 문제다. 공부만 하느라 아는 것은 많지만 행동이 따르지 않는 아이들이 늘어나는 것이다. 그들은 결코 출세하지 못한다. 창조적이고 독특한 일은 눈곱만큼도 할 수 없다. 응용도 할 줄 모르는, 고작 매뉴얼 인간밖에 되지 못한다.

어릴 때는 조금은 멍하게 있는 시간을 갖는 것이 좋다. 어딘가 어리숙해 보일지 모르지만 무언가를 끊임없이 생각하는 아이가 사실은 성공할 확률이 높다. 나는 해변에서 혼자 멀거니 바다를 바라보던 아이였다. 한 시간이고 두 시간이고 그렇게 혼자서 생각하기를 좋아했다. 그 습관은 지금도 계속되고 있다.

PART 2

상상력은 지혜보다 중요하다.
_아인슈타인(Albert Einstein, 물리학자)

아이디어의 비결은 집념이다.
_유카와 히데키(湯川秀樹, 일본인 최초의 노벨상 수상자)

상상력이 없는 곳에는
지혜도 즐거움도 없다

참고 문헌을 읽으면
누구나 그와 똑같은 방법밖에
시도할 수 없다.
하지만 스스로 실험 기구나 장비를 만들면
자신만의 방법을 궁리하게 된다.
이것이 창조로 가는 첫걸음이다.

이나모리 가즈오를
만나다

대학 입시를 준비하면서 학교는 도쿠시마德島 대학교를 선택했다. 고등학교 때 반에서 20등 전후였던 성적 때문이기도 했지만 내게는 입학시험을 치르기 쉬운 대학이기도 했다. 당시 도쿠시마 대학교의 입학 전형은 수학과 영어의 배점이 높고 암기 과목인 사회와 국어의 배점이 낮았다.

요즘 학생들처럼 여러 가지로 입시 전략을 세워 지망 학교를 선택하는 방법을 알고 있었던 것은 아니다. 어쩌다 보니 반에서 출석 번호가 가까운 친구들과 친해졌는데 친구들이 "우리는 도쿠시마 대학에 지원할 거니까 너도 넣어."라고 말하자 그럴 마음이 생겼을 뿐이다. 무슨 일이든 아직 느긋하게 생각하던 시절이었고, 시골이어서 그런지 도시 사람들만큼 상황 판단에 약지 못했다.

나름대로 약게 처신한다고 했던 적도 있다. 사실은 고등학교 시절부터 물리를 공부하고 싶었지만 담임 선생님으로부터 물리 같은 걸 전공해 봤자 취직도 할 수 없다는 말을 듣고는 취직하기에 유리하다는 공학부를 선택했던 것이다.

대학의 학부를 선택하는 것쯤이야 그다지 중요한 일이 아니라고 생각하는 사람도 있겠지만 내게 이 선택은 인생 최대의 실수 중 하나였다. 지금도 물리를 공부하고 싶으니 말이다. 전자공학과로 결정한 것도 실은 전자공학이라면 물리에 가깝다고 생각했기 때문이다.

대학 3학년 때 후쿠이 마스오福井萬壽夫 교수의 '전자물성공학' 강의를 듣고 감명을 받았다. 교수님은 모든 재료의 물리적 특성을 전자물성 이론에 적용해서 설명해 주었다. 이 강의를 듣고 나는 재료물성 분야라면 좋아하는 물리에 가깝다는 느낌을 받았다. 공학부에 들어갔지만 3학년이 될 때까지도 강의에 흥미를 느끼지 못하고 있었다. 재미없고 암기만 하는 고등학교 수업의 연장이라고 생각하고 있던 차에 '이 분야라면 재미있겠구나.'라고 생각했고, 재료물성공학 강의를 본격적으로 듣게 되었다.

내가 재료물성공학 강의에서 발표한 졸업연구 과제는 나의 장점인 스스로 생각하고 직접 물건을 만드는 방식의 연구였다. 이렇게 재료 분야에 점점 흥미를 갖게 되었고 4학년이 되어서 취직을 할지, 공부를 계속 할지 고민하던 끝에 석사 과정에 진학하기로 결정했다. 따라서

사회에 나온 것은 석사 2년 과정을 마친 후였다. 이때 교세라^{京セラ}에서 한 번 입사 내정을 받았다. 교세라를 선택한 것은 재료 분야에서 급성장하며 일본 최고의 실적을 보유한 회사였기 때문이다.

입사 지원은 주로 교수 추천제였는데 나는 교세라 이외에 마쓰시타전기산업^{松下電器産業}과 도시바^{東芝} 그룹에도 추천을 받았다. 하지만 사실 마쓰시타에는 합격하지 못했다. 내가 지나치게 이론적이라는 이유에서였다. '이론가는 필요 없다, 제품을 만드는 인재를 원한다.'며 나를 탈락시켰던 것이다. 그도 그럴 것이 당시 도쿠시마 대학교는 국가로부터 받는 지원금이 적어서 제품을 만들 예산이 없었다. 따라서 수업이 이론 위주로 이루어졌던 것이다.

마쓰시타전기산업의 다음 면접이 교세라였다. 나는 이전 면접에서 얻은 교훈을 살려 교세라 면접 때는 이론 같은 것은 언급도 하지 않았다. 오로지 물건 만들기를 무척 좋아한다는 말만 되풀이했다.

당시 이나모리 가즈오 사장(교세라의 창업자이자 현재 명예회장. 일본의 3대 경영의 신으로 불린다 — 옮긴이)이 직접 면접을 주도했는데, 지금도 나는 이나모리 사장의 질문을 기억하고 있다.

"지금 사회의 문제점이 무엇이라고 생각합니까?"

나는 망설임 없이 바로 대답했다.

"입시 제도입니다. 학생들은 오로지 입시만을 위해 학창 시절을 보내고 있습니다. 이러한 입시 제도를 폐지해야만 합니다."

지금도 이 생각은 변함없다. 교세라에서 나를 합격시킨 것은 재료 분야의 전문가로서가 아니라 전문 분야와는 관계없는 이 대답이 마음에 들어서였을지도 모른다.

어쨌든 일단 교세라에서 합격 통보를 받기는 했지만 결국은 개인적인 이유로 입사하지 않았다.

운명을 바꾼
소중한 인연

석사 과정을 마칠 당시 나는 이미 결혼한 상태였다. 석사 1학년 때는 아이도 태어났다. 사실은 이 상황이 취직을 하는 데 큰 영향을 미쳤다. 나의 인생에는 몇 번인가의 '만약'이 있었다. 만약 아버지가 세토무라에서 오즈 시로 전근을 가지 않았더라면 나는 마을 친구들과 함께 취직하여 오사카 근처에서 살았을지도 모른다. 그리고 만약 대학 3학년 때 아내를 만나지 않았더라면 어떻게 되었을까? 지금의 나는 없었을지도 모른다.

대학에 입학하자마자 나는 오즈 고등학교에서 도쿠시마 대학교에 함께 입학했던 친구 세 명에게 노는 것을 그만두고 공부에만 몰두하겠다고 선포했다. 학비는 집에서 받았기 때문에 걱정이 없었지만 **생활비는 육영자금**(자치구역별로 생활이 어려운 학생에게 무이자로 빌려 주는 지금—옮긴이)만으로 꾸려 가야 했다.

식사는 하루 세 끼 모두 싸고 맛없는 학교 식당에서 해결하고 매일 시간이 나는 대로 도서관에서 공부했다. 그때를 되돌아보면 말 그대로 엥겔계수가 100퍼센트에 가까운 생활이었다. 5,000엔의 집세를 내는 싸구려 아파트의 방 한 칸에서 오직 전공 서적을 탐독하고 사색에 몰두하는 하루하루가 계속되었다.

마치 현실 세계를 떠나 도를 닦는 선인 같은 생활을 하다가 단 한 번 남들처럼 놀았던 적이 있다. 바로 '대학제'라는 교내 행사 때였다. 보통은 대학 축제를 하든 말든, 동아리에도 가입하지 않은 나로서는 평소 같았으면 거들떠보지도 않았을 터였다. 그런 일에 쓸데없이 시간을 낭비하기보다는 공부하는 것이 낫다고 생각했다.

그런데 왠지 3학년 때만은 달랐다. 아무래도 '뭔가 씌었다'고밖에 생각할 수 없다. 식당 옆에서 열린 댄스파티에 참가했던 것이다. 그 파티에서 나중에 아내가 된 유코를 만났다. 고고 춤은 물론 여자와 춤을 춘 것도 처음이었다. 나는 주변의 일은 모두 잊고 무언가에 홀린 듯 춤을 추었다.

그날 밤, 대학제에서 매년 열리는 걷기 대회가 있었다. 학교에서 40킬로미터쯤 떨어진 역까지 기차를 타고 갔다가 다시 학교까지 걸어서 돌아오는 행사다. 유코가 가자고 했었는지 어떤지 정확히 기억나지는 않지만 어쨌든 나는 이 행사에도 유코와 함께 참가했다.

먼 길을 걸었다. 대도시와는 달리 시골은 조금만 마을을 벗어나도 주위가 캄캄했다. 별이 가득한 밤하늘이 나와 유코를 에워쌌다. 나는 밤하늘을 올려다보며 유코에게 우주와 물리학에 관해 이야기했다. 사실은 무슨 말을 했는지도 잘 기억나지 않아 나중에 유코에게 들었다. 그저 떠오르는 대로 이런저런 말을 많이 했던 것 같았다.

하지만 대개 젊은 여성이라면 싫어할 만한 복잡하고 어려운 이야기도 쏟아질 듯한 별빛 아래서는 낭만적으로 들렸던 것일까. 세상의 상식은 아무것도 모르고 여자가 좋아할 법한 화제에도 전혀 관심 없는 생활을 하고 있던 나로서는 할 이야기가 그런 것밖에 없었다. 하지만 유코는 때때로 고개를 끄덕이며 내 얘기를 지루해 하지 않고 열심히 귀를 기울여 주었다.

그러나 이렇게 생각한 것은 나의 착각이었을 뿐, 유코는 사실 내 스웨터에 벌레가 갉아먹은 구멍이 숭숭 나 있는 것을 바라보고 있었다고 한다. 어쨌거나 그로부터 며칠 뒤 유코가 나의 집에 찾아왔다. 유코가 나와의 운명적인 끈을 느낀 것은 아무래도 이때쯤이었던 것 같다. 그것이 무엇인지는 확실치 않다. 여자가 찾아와서 즐거울 만한 방은 아니었기 때문이다. 텔레비전이나 만화책같이 흥미로운 물건도 전혀 없고, 그저 보기만 해도 지루해지는 전공 서적만 한가득 쌓여 있는 방이었다.

전문 분야의 탐구 외에는 아무것도 없는, 모든 욕망을 잘라 낸 공간. 그곳에 동그마니 내가 있었다. 놀랄 정도로 검소한 생활이었다. 그러니 지금에 와서 생각해 봐도 그녀의 마음을 끌어당길 만한 것은 그 무엇도 없었다.

다만 여느 학생들과는 달리 수도승 같은 생활을 하고 있는 나에게 유코는 무엇인가를 느꼈던 모양이다. 그때부터 우리는 깊이 사귀게 되었고 유코는 임신했다. 우리는 대학원 1학년 때 결혼했고 곧바로 아이가 태어났다.

니치아화학공업에
입사하다

결혼 후 유코는 유치원 교사를 하면서 나의 대학원 생활을 지원해 주었다. 곧 아이까지 태어나자 나는 졸업하면 대도시로 나가서 취직하려고 했던 마음을 버리고 앞으로의 방향에 대해 근본적인 고민을 해야만 했다. 아이를 도시에서 키워야 할지, 시골에서 키워야 할지 고민이 되었다. 그리고 취업이 내정되어 있던 교세라에 입사할지 말지도 결론을 내야 했다.

연구실의 다다 오사무多田修 교수가 내게 조언을 해주었다.

"자네 같은 시골 출신이 도시에서 살아가기는 힘들 걸세. 게다가 아이까지 있으니 가정을 꾸릴 거면 시골이 좋지 않겠는가?"

나도 같은 생각이었기에 아이를 키울 환경을 우선으로 하여 결정했다. 가족이 함께 지내려면 그 편이 좋겠다고 판단했던 것이다. 그래서 교세라에 입사하는 걸 포기하고 다다 교수에게 다시 상담을 청했다. 어떻게든 고향인 도쿠시마에서 일자리를 구하고 싶은데 방법이 없을까 해서였다.

다다 교수가 소개해 준 곳은 교수의 어릴 적 친구가 사장으로 있는 니치아화학공업日亜化学工業이라는 회사였다. 이렇게 나는 1979년 도쿠시마 현 아난阿南 시에 있는 니치아화학공업(이하 니치아화학)에 입사했다.

니치아화학은 회장인 오가와 노부오小川信雄, 1912~2002(니치아화학의 창업자로 이 책의 출간 당시 회장이었다. 2015년 현재 대표이사 사장인 오가와 에이지小川英治는 오가와 노부오의 사위다―옮긴이)가 1956년에 창업한 회사다. 오가와 회장은 시력이 나빴기 때문에 원하던 사관학교에 진학하지 못하고 당시 공업고등전문학교, 즉 지금의 도쿠시마 대학교 약학부에 입학했다. 대학 졸업 후에는 태평양전쟁으로 격전이 계속되던 과달카날 섬(남서태평양 솔로몬제도 남동부에 있는 섬―옮긴이)에 약사로 부임했다.

사관의 대부분이 전사하던 상황에서 그는 기적적으로 살아났다. 그리고 죽을 뻔했던 과달카날의 점령군 방 안에서 파란 빛을 내는 이상한 물체를 보고 감동했다. 형광등이었다. 오가와 회장은 일본으로 돌아와서 이 신기한 발광체를 취급하기로 남모르게 마음먹었다고 한다.

고향인 도쿠시마로 돌아온 오가와 회장은 처음에는 전문 지식을 살려 제약회사를 설립했다. 그리고 항생물질의 하나인 '스트렙토마이신'Streptomycin을 생산하기 시작했다. 하지만 생산한 제품이 100퍼센트 효과가 있는 고품질 약품인데도 시장에서는 50퍼센트도 효과를 내지 못하는 조잡한 약품과 같은 취급을 받았다. 품질이 좋건 나쁘건 관계없이 아무 약이나 팔리고 있었던 것이다. 오가와 회장은 양심적이고 품질 좋은 제품을 만드는 회사가 손해를 보자 이 일에 정이 떨어졌다. 대신 장비로 정확하게 품질을 측정할 수 있는 제품을 취급하고 싶었다.

그의 이러한 소망이 점점 더 커져 가던 중 과달카날에서 느꼈던 감동의 순간을 떠올리게 되었다. 형광체라면 품질이 좋은 제품과 나쁜 제품의 차이가 분명하게 드러난다. 품질이 좋은 형광체를 만들면 틀림없이 좋은 평가를 받을 것이라고 생각했다. 이렇게 니치아화학은 형광체 생산에 몰두하기 시작했다.

당시 형광체의 특허는 제너럴일렉트릭General Electric Company, GE에서 소유하고 있었다. 하지만 일본의 대기업들은 특허료조차 지불하지 않고 있었다. 오가와 회장은 이를 두고 "도둑질보다도 형편없는 행위"라고 비판했다. 그는 즉시 정식으로 특허 사용을 신청했고, 제너럴일렉트릭은 이를 높이 평가하여 니치아화학에게 사용권을 전부 내주었다.

이렇게 니치아화학은 화학약품 제조회사이면서도 형광등과 텔레비전의 브라운관에 사용되는 형광체를 주력 제품으로 생산하는 독특한 회사로 재출발했다. 도쿠시마 현 동부에 있는 인구 약 5만여 명의 작은 지방 도시에 자리 잡은 회사였다.

내가 입사할 당시에는 이미 형광체 분야에서 일본 최고를 자랑하고 있었다. 회사의 규모는 아직 작아서 연간 매출액은 40억 엔 정도였고, 180여 명의 직원들은 대부분 아난 시 출신이었다.

이방인 취급을
받다

나는 니치아화학에 입사해 개발과로 배속되었다. 개발과라고는 하지만 과장을 포함하여 겨우 네 명뿐이었다. 당연히 예산도 적었다. 석사 출신이라면 대개는 이 정도 근무 조건에서 의욕을 잃을 것이다. 하지만 나는 남들이 상식이라고 하는 것들을 개의치 않는 사람이고 세상 물정도 잘 모르기 때문에 전혀 신경 쓰지 않았다. 게다가 영업이나 경리 또는 인사 업무 등 어떤 보직을 맡아도 상관없다는 마음이었고, 어느 과에 배속되어도 잘할 수 있다는 자신감이 있었다. 어떤 근거가 있는 것은 아니었다. 그저 왠지, 어떤 일이든 문제없다는 막연한 자신감이 있었을 뿐이다.

지금 생각해 보면 이러한 자세는 어떤 일을 시작하는 데 무척 중요하다. 실제로 입사하고 얼마 동안은 주위에서 이런저런 말을 많이 들었다. 그야말로 나만 따돌림당하는 듯한 느낌이었다. 당시 나는 도쿠시마 시에 살고 있었지만 원래는 에히메 현 출신이다. 회사가 있는 아난 시는 도쿠시마 시에서 자동차로 40~50분 정도 걸리는 곳으로 시골이나 다름없었다. 회사 사람들 대부분이 아난 시 출신이므로 갑자기 이런 시골로 취직해서 온 외지 사람을 호기심 가득한 눈으로 바라볼 만도 했다.

아난 시 사람들은 본래 품성이 선해서 나를 진짜로 따돌린 것은 아니었지만 무슨 일이 있을 때마다 거북한 소리를 하곤 했다.

"자네 말이야, 왜 이런 회사에 들어온 건가?"

특별한 이유가 있는 게 아니었기 때문에 적당히 대답하기는 했지만 아마도 내가 없는 곳에서는 꽤나 수군거렸던 모양이다. 또한 일거수일투족까지는 아니더라도 나의 이런저런 행동을 주시하고 있던 것이 틀림없다. 심지어 이런 말도 자주 들었다.

"이런 촌구석에 있는 회사에, 더구나 언제 망할지 모르는 회사에 도쿠시마 대학교까지 나온 사람이 뭐 하러 온 거지?"

게다가 전공이 전자공학이므로 당시 회사 사람들이 의아해 한 것도 전혀 이해 못 할 일은 아니었다. 회사에는 나 말고도 도쿠시마 대학교를 졸업한 직원이 몇 명 있었지만 모두 화학과 출신이었다. 화학 약품 제조회사이니 화학 전공자라면 이해할 만하다. 하지만 전자공학 출신이 왜 입사했는지 이상하게 여기는 분위기였다. 그래도 어쩔 수 없었다. 어차피 나 혼자였으니까.

스스로에 대한 믿음이
결과의 차이를 만들어 낸다

나 역시 전공인 전자공학과 관련된 일을 하고 싶어서 입사한 것은 아니었다. 담당 교수의 소개로 이 회사에 입사했을 뿐이고, 어쩌다 보니 개발과로 발령을 받았을 뿐이다. 실은 그 후에도 이런 우연이 여러 번 겹쳤고 그 우연 덕분에 나는 세계적인 발명을 하게 되었다.

회사의 인사이동에서 원하지 않은 부서로 배속되었다고 해서 속상해 하거나 고민할 필요는 전혀 없다. 오히려 "좋아, 문제없어!" 하고 자신을 잘 다독일 수 있어야 한다. 그렇지 못하면 점점 시들어 가는 인생을 살 수밖에 없다.

어쩌면 나처럼 "자네는 왜 이런 데 온 건가?"라는 말을 듣는 것도 좋을지 모른다. 앞날이 환히 내다보이는 인생 같은 건 있을 수도 없거니와 인생은 우연의 축적이라고 마음을 다잡으면 어떤 역경에 놓여도 '문제없어!'라고 스스로를 격려하며 자신감을 잃지 않는다.

어떤 일을 시작할 때 이것저것 걱정하는 사람과 잘해낼 수 있다고 믿는 사람은 결과가 완전히 달라진다. 이것저것 걱정하는 모습은 많은 생각을 하는 듯이 비쳐져 얼핏 현명해 보일 수 있지만 실패하는 순간 자기혐오에 빠져 다음 행동을 취할 수 없게 된다. 그리고 부정적인 생각에 사로잡혀 다음 한 발을 떼기가 두려워진다. 이런 상황에서는 큰 성공을 기대할 수 없다.

반면 자신이 잘해낼 거라고 믿는 사람은 어떤 일에도 적극적인 자세로 몰두한다. 실패조차 플러스 요인으로 바꿔 버리기도 한다. 나아가 실패를 즐기는 여유도 갖게 된다. 사실 나도 약 10여 년 동안 '팔리지 않는 제품을 만드는' 실패를 세 번이나 반복했다. 하지만 그 실패가 사실상 큰 성공으로 가는 도화선이 되었다.

밝은 세상을 위한
오직 한 길을 걷다

니치아화학은 '공부하자. 깊이 생각하고 열심히 일하자. 그래서 세계 최고의 상품을 만들자!'Let's study, think hard and work hard, and make the world's best products!를 슬로건으로 내걸고 있었다. 오가와 회장은 직원들에게 이 슬로건을 반복해서 강조하면서도 연구 개발에 관해서는 직원들이 원하는 대로 하게끔 내버려 두었다. 다만 연구 방향에 대해 오직 한 가지만을 목표로 하라고 지시했다. '밝은 세상을 위한 오직 한 길'光明一途, 즉 반도체와 LED 개발에 몰두하는 일이었다.

입사 초기에 부여받은 연구 주제는 화합물반도체의 원료인 '인화갈륨'Gallium Phosphide이라는 황록색 결정을 만드는 작업이었다. 개발 과장이 반도체 재료를 취급할지 말지 망설이고 있을 때, 영업 부서에서 인화갈륨의 결정을 만들면 잘 팔린다는 이야기를 가전제조 대기업에서 들었다며 전해 준 것이 계기였다.

LED는 전류를 흐르게 하면 붉은색과 황록색 등으로 발광, 즉 빛을 내는 반도체 소자다. 다소 낯선 용어일지도 모르지만 실은 우리 주변에서 무척 많이 사용되고 있다. 우리가 역이나 거리의 전광게시판, 또는 일상에서 사용하는 전기제품의 표시 패널에서 쉽게 볼 수 있는 다양한 색상의 램프에 LED가 이용된다. LED는 전구나 형광등 같은 조명장치와는 원리가 다른 발광소자다.

전구는 전류에 의해 전구 안에 들어 있는 필라멘트가 섭씨 2,000도 이상의 고온으로 가열되어 빛을 내는 구조로 이루어져 있다. 그리고 형광등은 방전에 의해 생긴 자외선으로 형광도료가 빛을 낸다. 즉, 전구와 형광등은 어떤 매체를 통한 간접적인 방법에 의해 전기가 빛으로 바뀌는 원리다. 하지만 LED는 반도체에 흐르는 전기가 직접 빛으로 바뀐다. 따라서 적은 양의 전력으로도 밝게 빛을 내어 효율성과 내구성이 매우 뛰어난 발광소자다.

그래서 당시 가전 대기업들은 물론 전 세계의 여러 분야에서 주목하고 있었다. 그 경쟁에 약소 업체인 니치아화학이 뛰어들까 말까 고민하고 있었던 것이다.

나는 운이 좋게도 대학교 졸업논문의 주제가 '반도성 티타늄산 바륨의 전기전도 메커니즘'이었기 때문에 반도체에 관해 어느 정도 지식이 있었다. 게다가 대학 시절 다다 교수의 강의에서 발광 재료에 관해 발표한 적이 있어 그때 LED를 공부했던 것이다. 그래서 LED용 결정 재료에 관한 연구라면 잘할 수 있겠다 싶어서 마음속으로 쾌재를 불렀다.

처음에 이 회사에 남기로 결심했을 때는 대학 시절에 한 연구는 소용없으니 버릴 수밖에 없다고 마음먹고 있었다. 그런데 뜻하지 않게 대학 시절의 연구와 다소나마 관련 있는 연구를 이 시골 구석의 회사에서 할 수 있게 되어 무척이나 기뻤다. 다만 책으로 공부했을 뿐이어서 반도체 제품을 도저히 혼자 만들 자신은 없었다. 그래도 타고난 자신감과 승부 근성으로 "네, 알겠습니다!"라고 대답하고는 연구를 시작했다.

맨손으로 뛰어든
LED 개발

연구를 시작한 것까지는 좋았는데 예산이 거의 없다고 해도 좋을 만큼 적었다. 게다가 반도체 결정 재료인 인화갈륨을 만들라는 지시만 받았을 뿐, 개발을 지원해 줄 인력이 있을 리가 없었다. 나 혼자 만들어야 했다. 친구에게 "거긴 대체 뭐하는 회사야?"라는 말까지 들었다.

대기업 연구실은 대개 네다섯 명이 팀을 이루어 연구에 착수하며 개발 경비도 충분하게 사용할 수 있다. 이에 비해 우리 회사는 연필 한 자루, 공책 한 권을 사는 데도 과장의 결재를 받아야 할 만큼 연구에 할당된 예산이 너무 적었다. 그런 환경에서 인화갈륨의 결정을 만들라는 것은 무리한 주문이었다.

대개는 이렇게 형편없이 불리한 상황에 놓이면 의욕을 잃어버리거나 처음부터 포기하기 십상이다. 아무리 애를 써도 결과가 뻔히 보이기 때문이다. 하지만 내게는 그런 여건이 아무런 문제가 되지 않았다. 지금 생각해 보면 오히려 불리한 상황을 즐기기까지 했던 것 같다. 물론 아무것도 없는 상태에서 출발한 터라 고난의 연속이었다.

실험 장치도 없었기 때문에 직접 만들어야 했다. 공장 안에 굴러다니는 불필요한 부품을 주워서 전기로를 조립하느라 땀투성이가 되기도 했다. 또한 실험에서 사용하는 비싼 석영관Quartz Tube(석영을 용융

66

해서 만든 유리관으로 고온에 강하다—옮긴이)을 몇 번이고 용접해서 재활
용하기도 했다.

당시 입사 후 5년 정도는 아침부터 밤까지 회사에서 석영을 용접
했기 때문에 '용접하다가 내 인생이 끝나는 건 아닐까?' 하는 생각까
지 들 정도였다. 대학에서 한 공부는 대체 무엇이었는지 수시로 자문
자답하곤 했다.

물건을 만드는 일이
바로 인생이다

'물건을 만드는 일이 바로 인생이다.'
나는 이 말에 백배 공감한다. 무언가를 만들어 본 적이 없는 사람은 제
품을 완성할 수 있을지, 과연 완성해도 돈을 벌 수 있을지, 전혀 예측할
수 없는 일에 몰두하는 것은 시간 낭비라고 생각할지도 모른다. 성과
가 나올지 말지 알 수 없는 일에 365일 매달리기보다는 기존 제품을 판
매하는 것이 쉽다고 여길 것이다. 하지만 '물건을 만드는' 일은 넓은 우
주에서도 인간에게만 부여된 특권이다. 완성하든 완성하지 못하든 무
언가를 만드는 직업에 종사하고 있는 한 인간이라는 사실을 실감할 수
있다. 그것이야말로 인간이라는 증거가 아닐까.

인간은 지구상에 인간으로서 생존하게 된 후로 줄곧 다양한 물건

을 만들어 왔다. 그리고 근대 문명이 시작되기 전까지는 대부분 손으로 만들었다고 해도 과언이 아니다. 손재주가 있는 사람이든, 서툰 사람이든 당연히 일상에 필요한 물건들을 직접 만들었다. 그리고 완성된 물건을 사용하기 편하게 개량하기도 하고, 사용하기에 정 불편하면 다시 새로운 물건을 만들기 위해 노력했다. 그렇게 수많은 도전 끝에 겨우 성공한 몇몇 물건이 지금까지 남아 있는 것이다.

그런데 근대 문명이 여러 가지 기계를 발명해 내고 인간이 기계로 물건을 만들게 되면서부터 손으로 만드는 원초적인 모습은 차츰 사라졌다. 필요한 물건을 손으로 직접 만드는 사람을 이제는 거의 찾아볼 수 없다. 요즘 사람들은 물건은 공장에서 기계가 만드는 것이지 사람이 만드는 것이 아니라고 알고 있다. 기술의 발달로 기계가 진화하면서부터는 똑같은 제품을 대량으로 생산할 수 있게 되었다. 어쩌면 사람이 손으로 물건을 만들지 않게 되면서부터 인간의 소외감이 커진 게 아닐까? 인간이 인간이라는 증거를 스스로 저버렸다는 데 근대의 비극이 존재한다. 쉽게 말해서 자신의 손으로 물건을 만들지 않기 때문에 모두들 인생이 시시해지는 것이다.

그런 면에서 볼 때 나는 항상 무언가를 만드는 현장에 있었다. 게다가 대기업과 결정적으로 달랐던 점이 바로, 진정한 의미에서 손으로 물건을 만들었다는 사실이다. '물건을 만드는 일이 곧 인생이다.'라는 말을 나는 그대로 실천해 왔다.

대기업 연구원은 필요한 게 있으면 주문만 하면 된다. 연구 지원 자금이 충분하므로 무엇이 필요한지 말만 하면 척척 지원된다. 그래서 그들은 이 방법이 안 되면 저 방법으로 실험하자는 식이다. 얼핏 보면 일이 효율적으로 진행되어 빨리 완성될 것 같지만 실제로 이런 환경에서는 절대로 창조적인 결과를 얻을 수 없다.

규칙적으로 반복되는 일을 순조롭게 처리한다고 해도 이는 근대 문명의 기계를 통한 생산과 다르지 않다. 또한 대량생산에는 어울릴지 몰라도 물건을 만드는 일 자체가 지닌 창조적인 기쁨은 맛볼 수 없다.

상상력이 없으면
지혜도 아이디어도 없다

무언가를 만드는 데 필요한 기본은 '상상력'에 있다. '어쩌면 이렇게 될지도 몰라, 아니 저렇게 될지도 모르겠는걸.' 하며 한껏 상상력을 발휘하고 시행착오를 겪어 가며 무언가를 만들어 낸다. 하지만 실제로는 생각처럼 잘 되지 않을 때가 많다. 이런 실패 과정을 자신의 경험과 지혜로 극복하려고 애쓰며 난관을 뛰어넘을 때 비로소 창조적인 결과가 탄생한다.

자금도 풍부하고 필요한 모든 장치를 쉽게 제공받는 환경에서는 군이 지혜나 아이디어를 짜내지 않아도 된다. 그렇기 때문에 세계를 놀라게 할 만한 창조적인 물건을 개발할 수 없다. 스스로 노력하는 과정에서 새로운 발상이 싹트는 것이다.

나도 이렇게 잘난 듯이 말하고 있지만 니치아화학 시절에는 회사의 연구 자금이 부족해서 그저 장치를 직접 손으로 만들 수밖에 없는 상황이었을 뿐이다. 하지만 이 환경이 나중에 나의 성공을 이루는 토대가 되었기에 신기할 따름이다. 사실 손으로 만드는 일의 중요성은 도쿠시마 대학교의 연구실에 있을 때 주임교수였던 다다 오사무 교수에게서 확실히 배웠다.

"참고 문헌을 읽으면 누구나 그와 똑같은 방법밖에 시도할 수 없네. 하지만 스스로 실험 기구나 장비를 만들면 자신만의 방법을 궁리하게 되지. 이것이 창조로 가는 첫걸음일세."

다다 교수는 직접 실험 장치를 만들어 보길 끊임없이 강조했다. 그리고 운 좋게도 나는 니치아화학이라는 작은 제조회사에 입사한 덕분에 그 사실을 몸소 체험할 수 있었다. 하나부터 열까지 스스로 물건을 만들고 무슨 일이든 직접 실천하지 않으면 아무것도 이루어지지 않는다는 사실을 입사 초기에 깨달았던 것이다. 이러한 연구 방식은 그 후로도 지속되었고 마침내 나만의 연구 방식으로 자리 잡았다. 그렇다. 상상력이 필요하지 않은 환경에서는 지혜가 생겨나지 않을 뿐더러 즐거움도 느낄 수 없다.

무언가를 만드는 데 필요한 기본은 '상상력'에 있다.
'어쩌면 이렇게 될지도 몰라,
아니 저렇게 될지도 모르겠는걸.' 하며
한껏 상상력을 발휘하고
시행착오를 겪어 가며 무언가를 만들어 낸다.
하지만 실제로는 생각처럼 잘 되지 않을 때가 많다.
이런 실패 과정을 자신의 경험과 지혜로
극복하려고 애쓰며 난관을 뛰어넘을 때
비로소 창조적인 결과가 탄생한다.

PART 3

사람에게는 두 부류가 있다.
한 부류는 벽에 부딪치면 금세 좌절하는 사람,
다른 한 부류는 벽에 부딪치더라도
반드시 자신은 어떻게든 할 수 있다고 믿고
노력을 멈추지 않는 사람이다.

_월트 디즈니(Walt Disney, 영화제작자 & 감독)

남들과 똑같은
방식과 인생에
안주하지 마라

내가 LED라는
매우 흔치 않은 연구 과제를 만난 것처럼
사람은 누구나 인생의 어느 시점에서
예상치 못했던 뜻밖의 기회를
만나는 것이 아닐까?
전공이 아닌 모르는 분야와 연을 맺거나
혹은 생각지도 못했던 직업을 갖게 되기도 한다.
그때 어떻게 대응하느냐에 따라
이후의 인생이 결정된다.

할 수 없다는 핑계를
찾지 마라

적색 LED의 재료인 인화갈륨의 다결정 증착을 연구하라는 지시를 받았을 때만 해도 반도체에 관해 연구할 계획은 조금도 없었다. 하물며 LED는 머릿속 어느 한구석에도 없었다. 하지만 운 좋게도 대학 시절에 공부했던 주제와 가까운 LED 연구를 이 작은 화학회사에서 다시 만났던 것이다.

정말로 인생이란 언제 어떻게 될지 알 수 없다. 나는 반도체 연구를 좋아했다. 하지만 반도체에 관한 기초 이론은 전혀 알지 못했다. 당시 도쿠시마 대학교에는 반도체 전공 교수가 적어서 기초 지식을 공부할 기회가 거의 없었다. 실제로 현재의 반도체를 이해하려면 양자역학을 공부해야 한다고 전문가들은 입을 모아 말한다.

"반도체를 다루려면 우선 양자역학을 공부하고 나서 하라. 그렇게 하지 않으면 아무것도 알 수 없으며 결국은 실패하고 만다."

　　나는 사실 양자역학을 모르는 부류에 속했다. 만약 그때 나에게 그런 정보가 어느 정도 있었다면 전문가들의 충고를 듣고 우선 양자역학부터 공부했을지도 모른다. 하지만 다행히도 나는 양자역학에 대한 지식이 없었다. 그래서 따로 양자역학을 배우지 않아도 반도체를 얼마든지 이해할 수 있다고 생각했다. 양자역학을 대신하는 다른 '언어'로 물질의 성질을 이해하면 된다. 그렇다면 다른 언어란 대체 무엇일까. 내게 그것은 오직 실험 결과였다. 실험 결과를 깊이 생각하는 일, 그것이 내게는 사물을 이해하는 유일한 도구였다.

창조로 나아가는 길은
하나가 아니다

　　　　　　　　사물을 이해하는 데는 다양한 '언어'가 존재한다. 물리에는 물리의 언어, 화학에는 화학의 언어 그리고 철학에는 철학의 언어가 있다. 우리는 이들 언어('도구'라고 바꿔 써도 좋다)로 사물을 이해하려고 한다. 사물의 성질을 한 가지로 규정할 수 없다는 뜻이다.

　　사물의 성질이 도구나 언어에 따라 좌우된다고 하는 편이 좋을지도 모른다. 언어나 도구에는 여러 종류가 있고 무엇을 어떻게 선택하느냐에 따라 사물을 규정하는 방식이 달라진다. 그런데 사람들은 대개 자신이 배운 언어로만 사물을 파악하려고 한다. 특히 대학 교수나 전문가로부터 "이거다." 하는 말을 들으면 그것밖에 없다고 생각한다. 사고가 정체되는 것이다. 물리는 물체를 이해하는 몇 종류의 방법을 가르치는 데 불과하다. 화학도, 철학도 마찬가지다.

그러므로 이들 도구를 사용해 무언가를 만들 때는 하나의 언어나 도구로만 파악해서는 안 된다. 물건을 만드는 도구에도 여러 종류가 있다는 사실을 기억하는 것이 중요하다. 한 도구로 실패했다면 두 번째 도구를 사용해 만들어 보면 된다. 두 번째 도구로 실패하면 세 번째, 세 번째도 실패하면 네 번째, 이렇게 차례차례 새로운 도구를 꺼내 도전하면 된다.

나도 반도체를 연구하기 시작할 당시에는 그러한 이치를 깨닫지 못했다. 그래서 초심자라면 누구나 선택하는 방법으로 하면 잘되리라 믿고 그대로 따라 했다.

한 번도 해본 적이 없는 일을 시작하는 경우 가장 먼저 하는 일은 무엇일까? 십중팔구는 우선 그 일에 관해 조사하고 앞서 시도한 사람들은 어떻게 했는지를 검토할 것이다. 나 역시 처음에는 여러 문헌과 전문 서적을 읽는 데서 출발했다.

반도체를 만들려면 다양한 재료를 반응시키는 전기로가 필요했다. 하지만 사 온 전기로를 그대로 사용해서는 연구에 도움이 되지 않왔다. 연구비가 없기 때문에 하는 수 없이 회사 내에 굴러다니는 부품과 폐품을 주워 와서 전기로를 개량했다. 그 모습은 연구원이라기보다는 차라리 공장의 기능공에 가까웠다.

또한 인화갈륨을 정제하려면 투명한 석영관을 사용해야 한다. 투명 석영관의 한쪽 끝에는 금속 갈륨을, 다른 한쪽 끝에는 적린Red Phosphorus(황린이나 백린을 불활성 기체 중에 가열하여 얻어지는 적갈색 무취 분말로 불꽃이나 성냥의 원료로 쓰임 — 옮긴이)을 넣고 석영관을 버너로 진공 봉입한 후, 전기로에서 고온으로 가열하여 인화갈륨의 다결정체를 기상증착Vapor Deposition(반도체의 결정성장 공정에서 가열된 웨이퍼 상에 원료 가스의 화학작용을 일으켜 박막을 형성하는 기술 — 감수자)시킨다.

예산이 부족했기 때문에 전기로와 마찬가지로 비싼 석영관을 넉넉히 살 수 없었다. 대기업이라면 가공한 석영관을 사면 될 일을, 나는 다 사용하고 난 석영관을 잘라 용접해서 써야만 했다. 하지만 용접하는 일이 생각처럼 쉽지가 않았다. 아침부터 밤까지 용접으로 시간을 보내는 날이 하루 이틀이 아니었다.

하나부터 열까지 혼자서 해야만 했다. 벽돌 조립, 스테인리스 용접, 석영이나 카본 절단 등 할 일이 끝도 없었다. 단열재를 결합해서 히터에 감는 작업을 비롯해 전기 배선은 물론 유리 세공까지 직접 했다.

온도가 섭씨 2,000도 가까이 올라가는 산수소 버너용 봄베Bombe(압축가스나 액화가스를 저장, 운반하기 위한 원통형 내압용기 — 옮긴이)

를 하루에 네다섯 통이나 사용하느라 땀범벅이 되고는 했다. 진짜 용접공이 된 것 같았다. 기껏 대학교를 나와 대학원까지 진학해 수석으로 졸업했는데도 지금 내가 하고 있는 일은 마치 단순 기능공이나 다름없었다.

5~6년이나 똑같은 일이 계속되었을 때는 정말이지 이러다 인생이 끝나는 것은 아닐까 하고 진저리를 치기도 했다. 도대체 무엇을 위해서 힘들게 공부해 온 건지 내 인생을 비관하지 않을 수 없었다. 하지만 '이것도 내 일이고, 내 연구의 일환이니 괜찮지 않은가.'라며 억지로 나 자신을 설득시키면서 일을 했던 것 같다. 이때는 정말 회사를 당장 그만두고도 남을 상황이었다.

수없는 폭발과
실패를 거듭하다

실패도 꽤 많이 했다. 한 달에 두세 번은 폭발 사고를 일으켰다. 석영관을 손으로 만드는 것은 좋았지만 아무래도 임시변통으로 처리하는 면이 있다 보니 종종 이런 일이 생겼던 것이다. 석영으로 된 관을 진공 상태로 만들고 온도를 높여 관 안에 있는 적린과 갈륨을 반응시키는 '수평 브리지만법'Horizontal Bridgeman(도가니 속의 원료를 용융시킨 후 한쪽에서 반대쪽으로 고화시켜 결정을 얻는 방법—감수자)이라는 방법인데, 온도가 지나치게 올라가거나 공기가 들어오면 적린에 불이 붙어 석영이 터지고 만다. 원래 적린은 성냥이나 화약의 원료로 사용하는 재료다. 그러므로 화약을 석영 속에 집어넣고 온도를 올린다고 생각하면 된다. 석영관에 금이 가면 그곳으로 공기가 들어가 폭발하고 만다.

석영관은 내가 만든 것이다 보니 아무래도 가끔 균열이 생긴다. "펑!" 하고 굉장한 소리를 내며 폭발하는데 100미터쯤 떨어져 있는 주차장까지 들릴 정도다. 전기로는 훅 날아가고 적린이 타는 연기로 실험실 안은 시뿌옇게 되어 버린다. 가끔은 석영이 피부에 꽂히기도 해 위험하기 짝이 없는 실험인데, 한 달에 두세 번은 폭발하다 보니 점점 익숙해졌다.

나중에는 '이제 슬슬 폭발하겠구나.' 하는 감이 왔다. 그럴 때마다 칸막이 뒤로 몸을 숨겨야 했지만 오랜 세월 동안 이 실험을 해오면서도 상처 한 번 나지 않은 것이 신기하다. 실험실이 좁아서 한 번 폭발하면 방 안이 온통 새하얗게 되고 불붙은 인이 메뚜기처럼 사방으로 튀어 나갔다. 아무튼 굉장한 폭발이었다.

처음에는 폭발 소리를 들은 동료가 "나카무라, 살아 있어?" 하고 확인하고는 했다. 그때마다 나는 하얀 가루를 뒤집어쓴 채로 연기 속에서 우두커니 모습을 드러내곤 했다. 하지만 꽤나 자주 폭발을 일으키자 나중에는 '또 사고 쳤구먼!' 하고 생각할 뿐 아예 들여다보지도 않았다. 나도 그 편이 편하기는 했다.

카탈로그 한 장도
구하기 어려운 현실

이런 일도 있었다. 실험을 하려면 여러 가지 측정 장치와 비품이 필요하다. 하지만 도쿠시마 현에서는, 게다가 아난 시 같은 시골에는 고도의 반도체 관련 측정 장비나 비품을 취급하는 회사가 없어 대도시에 있는 회사로 주문해야 한다. 그래서 장비 판매회사에 전화해서 우선 카탈로그를 보내 달라고 하는데 이미 그 단계에서부터 차질이 생긴다.

"여기 도쿠시마 현인데요."

"도쿠시마에서 반도체를 취급해서 뭘 하실 겁니까?"

어디라고 밝히면 반드시 돌아오는 질문이다. 그야말로 쓸데없는 참견이다.

"도쿠시마 시에서 조금 더 들어온 아난 시라는 곳이거든요."

"어떤 반도체회사의 하청업체이신가요?"

"아니요, 하청업체가 아니라 독자적으로 개발을 하고 있습니다."

"예? 대단하시네요."

직접 개발하고 있다고 말하면 상대는 일단 감탄한다. 하지만 이내

깔보는 듯한 말투가 드러난다. 그래도 자료를 보내 달라고 요청하고는 마음이 들떠 며칠을 기다리지만 결국 카탈로그는 도착하지 않는다. 시골에서는 측정 장치뿐만 아니라 반도체 같은 고도의 분야를 취급할 수 없다고 아예 단정 지어 버리는 것이다.

내가 전화로 카탈로그를 주문하여 실제로 받은 적은 열 번에 두세 번이 고작이었다. 하물며 영업 담당자가 니치아화학을 방문하는 일은 당치도 않았다. 전화상으로는 "그럼 찾아뵙겠습니다." 하고 흔쾌히 말하지만 절대 오지 않는다. 가끔 드물게 오는 일이 있기는 하다. 에히메 현 사이조西条 시에 있는 미쓰비시三菱의 반도체 IC공장에 오면서 겸사겸사 들를 때뿐이다.

남과 같은 방식에
안주하지 마라

반도체 연구를 시작하던 초기에는 이처럼 최첨단 기술이 필요한데도 정보 자료를 얻기는 힘들고 장치도 갖춰지지 않은 최악의 상태였다. 너무나도 분했다. 나의 능력이 부족해서 차별을 받는 것이 아니라 단지 지방의 이름 없는 소규모 회사라는 이유만으로 마치 "반도체 연구에 참여하지 않아도 됩니다." 하는 듯 들렸기 때문이다. 나는 이 억울한 경험을 당당하게 만회하고자 혼자 묵묵히 개발에 몰두했다.

그런데 내가 개발에 성공하자 그렇게 외면하던 사람들이 마치 아무 일도 없던 것처럼 태도를 싹 바꾸어 모여들기 시작했다. 부탁하지도 않았는데 질릴 정도로 많은 카탈로그를 보내 왔다. 일본 내, 아니 전 세계에서 영업 담당자들이 구름 떼처럼 몰려들었다.

일본 기업의 단점은 브랜드 파워가 있는 회사는 신용하지만 그렇지 않은 곳은 상대도 하지 않는다는 사실이다. 무슨 일이든 브랜드와 직함으로 판단한다. 하지만 반도체 같은 최첨단 기술 분야에서는 대기업이라고 해서 반드시 그 연구 성과가 우수하다고는 볼 수 없다. 오히려 대기업은 인원이 많고 조직 규모도 크기 때문에 연구 성과에 대한 감각이 무뎌져 있다. 또한 연구원들이 자신의 대우나 지위에 안주하여 새로운 연구에 뛰어들기를 주저하는 경우도 있다. 어떤 이유든 창조적이고 최첨단을 주도하는 분야에서는 큰 집단이나 조직이 새로운 길을 개척하는 경우가 드물다.

반면 혼자서 뛰어난 업적을 남기는 사람은 많다. 사실 혼자서 연구한 사람들이 세계를 이끄는 발명품을 개발해 왔다고 해도 과언이 아니다. 대기업이라는 울타리 안에서 고만고만한 수준에 안주하는 사람이 아닌, 자신감과 긍지를 사는 보람으로 여기고 앞을 향해 매진하는 인물을 높이 평가해야 하지 않을까?

최악의 환경에서 이루어 낸
작은 성과

　　　　　　　　대단한 제품은 아니지만 나는 10년
동안 세 가지 제품을 개발해 상품화에 성공했다. 설명을 덧붙이자면
앞서 서술한 인화갈륨의 다결정, 갈륨비소^{GaAs}의 다결정과 갈륨비소의
단결정 벌크 그리고 적외와 적색 LED용의 갈륨알루미늄비소^{GaAlAs} 에
피택셜 웨이퍼$^{Epitaxial Wafer}$(반도체 웨이퍼 위에 화학증착법을 이용해 다른 단
결정막을 성장시키는 것. 에피웨이퍼라고도 한다 —감수자)다.

　그리고 그 기간 동안 장치 만드는 솜씨가 늘어서 용접 기술에서는
신의 경지에 도달했다는 말까지 들었다. 매일매일 기능공처럼 일했
으니 어찌 보면 당연하겠지만 이 기술이 훗날 큰 발명의 토대가 되었
다. 또한 어떻게든 제품화했다는 사실도 성공으로 가는 밑거름이 되
었다.

　지금에 와서 생각해 보면 기능공 일로 보내는 세월이 지겨웠을 때
이 일을 그만두지 않기를 잘했다고 절실히 느낀다. 물론 그때는 이렇
다 할 목적이 있는 것도 아니었으며 미래를 내다보고 그 지긋지긋한
작업을 반복한 것도 아니다. 그저 세상에서 말하는 일반적인 상식이
없었기 때문이었다.

　만일 내게 수완 좋은 사업가의 재능이 있어 회사나 세상의 미래
그리고 나의 미래를 생각했다면 기능공 일을 하던 시점에서 회사를

그만두었을 것이다. 예산도 쓸 수 없고 정보조차 얻을 수 없는 상황에서 결코 좋은 제품을 만들 수 없다고 처음부터 포기했을지도 모른다. 하지만 다행히도 나는 그런 데까지 생각이 두루 미칠 만큼 약삭빠르지 못했다. 그렇기에 오직 실험에 실험을 거듭하며 밤낮으로 제품을 만드는 데만 몰두했던 것이다.

다만 희망이 있다고 생각했던 것은 시행착오를 반복하기는 했지만 실패할 때마다 내 나름대로는 어떤 가능성이 보였기 때문이다. 어렴풋이나마 다음 단계로 가는 길이 있다는 느낌이 들었다. 그 가능성을 확인했기 때문에 다음 실험으로 나아갈 수 있었다.

실패 속에 가능성이
숨어 있다

내가 10년 남짓 동안 세 가지 제품을 완성할 수 있었던 것은 모두 이 가능성 덕분이다. 폭발을 하든, 용접 작업에 쫓기든 나는 항상 가능성만을 주시했다. 다른 쓸데없는 일에는 관심을 돌리지 않았다.

어떤 일을 하고자 할 때 가능성을 믿는 것은 매우 중요하다. 한 번 실패했다고 해서, 일시적으로 미래가 보이지 않는다고 해서 지금 하고 있는 일을 그만둔다면 모든 것이 허사로 돌아가게 된다. 모처럼 보였던 가능성마저 사라지는 것이다.

자주 듣는 말이지만 실패 속에 가능성이 숨겨져 있다. 기능공처럼 작업하면서 나는 다음 실험에 대비했던 것이다. 당시 나는 실험이 잘되지 않았던 것은 실험 장치가 제대로 갖춰져 있지 않은 탓이라고 생각했다. 그렇다면 실험 장치를 철저하게 검토하고 개선하는 데서부터 시작해야 한다. 시판되는 실험 장치를 쉽게 사서 쓴다면 실험 장치 자체가 가진 진정한 의미와 역할을 알 수 없다.

더구나 실험에 실패할 경우에는 실험 장치 자체에 원인이 있다고는 전혀 생각하지 못한다. 더욱 정확하고 실용성 있는 장치, 자신이 원하는 연구 결과를 내주는 장치는 시중에서 구할 수 없다. 이 생각이 중요하다. 그렇다면 스스로 철저하게 만드는 것 외에 다른 방법은 없다.

직접 실험 장치를 조립한 이야기를 할 때 빼놓을 수 없는 사람이 있다. 양자전자역학의 재규격화 이론을 완성시킨 공적으로 도모나가 신이치로朝永振一 박사 팀과 함께 노벨물리학상을 수상한 리처드 파인만 박사Richard P. Feynman, 1918~1988다. 그는 어릴 때부터 실험실에서 자신만의 실험 장치를 만들거나 라디오를 고치며 놀았다고 한다. 여러 가지 도구를 사 모아서는 실험실에서 그의 '실험 장치'를 공들여 만들곤 했는데 하마터면 화재가 날 뻔한 일도 있었다고 한다.

파인만 박사는 어릴 적 고장 난 라디오를 힘들여 고치던 자신에게 끝까지 고장의 원인을 찾아내야만 직성이 풀리는 '인내심'과 '끈기'가 있었다고 회고한 바 있다. 그에게 수리를 부탁한 사람들도 "이제 그쯤에서 그만두지 그래?" 하며 방해하는 게 아니라 끝까지 기다려 주었다고 한다. 결국 독창적인 사람과 그렇지 못한 사람을 나누는 기준은 한 가지, 일에 열중할 수 있는 '끈기'다.

백 번의 미완성보다
한 번의 완성을 경험하라

내가 장치 개발 단계에서 몇 번이나 폭발을 일으켜 실패하면서도 넌더리 내지 않고 이 작업에 매진한 데는 예산이 충분치 않았던 이유도 있지만 장치의 중요성을 명확히 인지하고 있었기 때문이다.

그것은 다다 교수의 가르침이기도 했지만 결과적으로 제품 개발을 위해서는 다소 시간이 걸리더라도 이 방법이 가장 확실하다는 사실을 나 역시 인식하고 있었던 것이다. 이는 견실한 방법으로 한발 한발 꾸준히 제품 개발을 향해 나아가는 길이다.

입사한 지 5~6년 되었을 때의 일이다. 한 반도체 대기업에서 "니치아화학에서 적외 LED용 에피웨이퍼를 만든다면 사겠다."고 했다는 말을 영업팀에서 전해 왔다. 하지만 적외 LED용 에피웨이퍼를 만들려면 액상 에피택셜 장비Liquid Phase Epitaxy가 필요했고 그 제작을 장비 제조회사에 의뢰하면 1년 남짓 시간이 걸린다고 했다. 나는 이때도 "그렇다면 내가 만들어 보지." 하고는 반년 만에 에피택셜 장비를 만들어 냈다.

다른 사람들은 내가 비능률적으로 일을 한다고 여길지도 모른다. 안 되면 깨끗이 포기하고 다음 제품 개발에 열중하는 것이 낫다고 생각하는 사람도 분명 있을 것이다. 하지만 나는 그렇게 생각하지 않았다. 백 개의 미완성품을 경험하기보다 단 한 개의 완성품을 만들어 내는 것이 얼마나 중요한지를 알고 있었기 때문이다. 연구 개발의 어느 단계에서든 잘 모르는 분야가 나타나기 마련이다. 아무 어려움 없이 척척 제품이 완성된다면 그것은 연구 개발이 아니다.

신제품을 개발하는데 그렇게 쉽사리 진척될 리가 없다. 예를 들어 출발점은 알고 있더라도 최종적으로 어떤 제품이 될지 알 수 없는 노릇이고, 제품 공정 도중에 전혀 예기치 못했던 일이 생겨 개발에 차질을 빚거나 좌절할지도 모른다. 심지어는 출발점조차 알 수 없는 경우도 있을 것이다.

이렇듯 제품 개발에는 여러 가지 어려운 문제가 발생한다. 직접 해 보지 않은 사람은 절대 알 수 없는 고난과 고행의 길이다. 옆에서 보기엔 도대체 무슨 일을 하는 건지, 그저 장비만 만지작거리는 것처럼 보일 수도 있다. 하지만 스스로의 힘으로 이러한 장애물을 하나씩 극복해 나갈 때, 다른 사람에게는 보이지 않는 '무언가'가 보이게 된다.

상황이 절망적일수록
끝까지 가라

개발은 새로운 창조다. 아무리 작은 것일지라도 지식과 능력을 총동원하여 새로운 물건을 만들어 내는 작업이다. 그 과정에서 기다리고 있는 수많은 난관을 하나씩 해결하고 돌파해 나가야만 비로소 새로운 제품이 탄생한다. 벽에 부딪쳤다고 해서 되돌아간다면 결코 벽을 깨뜨릴 수 없다.

벽의 저쪽 너머에는 아무것도 없을지도 모른다. 혹은 벽을 넘고 보니 더 높은 벽이 떡하니 버티고 있을지도 모른다. 그러므로 힘들게 노력해서 벽을 넘는 일이 어쩌면 무의미할 수도 있다. 나 역시 실제로 실험하면서 느낀 거지만 헛수고뿐이었다. 온통 의미 없는 연구였다. 고생한 끝에 '이거면 되겠지.' 하고 생각한 실험이 아무런 도움이 되지 않을 때 정말이지 그 실망감은 이루 말할 수 없다. '내 인생은 이렇게 쓸모없는 일을 반복하다 끝나고 마는 걸까.' 하고 내 미래에 대해 절망했다. 내가 기능공처럼 작업을 하며 실패를 거듭하던 때가 바로 그랬다.

하지만 여기서 물러난다면 정말로 아무것도 하지 못한 채 인생이 끝나고 만다. 백 가지 일을 해도 그때마다 중도에 포기한다면 아무것도 손에 넣지 못한다. 단지 그만두는 데 익숙해지기만 할 뿐 무슨 일이 있을 때마다 금세 단념하게 된다. '조금 어려우니까 그만두자.', '어차피 시간 낭비일 뿐이다.' 하고 허울 좋은 핑계를 찾게 된다. 도중에 단념한 사람들이 하는 말은 대개 정해져 있다.

"내가 이 실험을 몇 번이나 해봤지만 역시나 잘되지 않더군. 그러니 내 충고대로 그만두는 것이 좋아."

마치 모든 실험을 경험한 전문가가 자상하게 길을 알려 주는 듯한 태도다. 하지만 솔직히 말해서 이런 사람의 충고를 듣고 실험을 그만둔다면 그 순간 새로운 것을 창조할 가능성은 사라진다. 이때 기억해야 할 점은 상대를 무척 위해 주는 듯이 충고하는 그 사람은 대부분 성공한 적이 없다는 사실이다.

그들은 자신이 마지막까지 해내지 못했기 때문에 그만두라고 충고하는 것이다. 그들의 친절한 충고에 고마워해 봐야 그들과 똑같은 제2, 제3의 실패자가 될 뿐이다.

정말 불가능한지의 여부는 자신의 눈으로 직접 확인해야 한다. 정말 이 방법으로 실패할지 어떨지를 자신의 손으로 확인해 보라. 누군가는 실패했지만 혹시 내가 하면 성공할지도 모른다. 따라서 그만두라는 충고에 귀를 기울이지 말고 끝까지 해봐야 한다.

벽을 기어올라서라도 끝까지 해내라. 시간이 걸려도 상관없다. 멀리 돌아가도 좋다. 서툴러도 괜찮다. 어쨌든 하나를 완성하는 일, 이것이 가장 중요하다.

개발은 새로운 창조다.
아무리 작은 것일지라도 지식과 능력을 총동원하여
새로운 물건을 만들어 내는 작업이다.
그 과정에서 기다리고 있는 수많은 난관을
하나씩 해결하고 돌파해 나가야만
비로소 새로운 제품이 탄생한다.
벽에 부딪쳤다고 해서 되돌아간다면
결코 벽을 깨뜨릴 수 없다.

끝까지 완성해야
비로소 나를 알린다

끝까지 해내는 것이 왜 그토록 중요할까? 이는 나 자신이 몸소 체험한 일이다. 앞에서도 잠깐 언급했듯이 나는 니치아화학의 개발과에 배속된 후 10년 동안 세 가지 제품을 개발했다. 분명 시행착오의 반복이었다. 하지만 10년간의 실적은 오가와 노부오 회장의 눈에 강렬한 인상을 남겼다.

그래서 오가와 회장은 내가 청색 LED를 개발하겠다고 나섰을 때 주변 사람들의 반발에도 개의치 않고 흔쾌히 예산을 지원해 주었던 것이다. 왜일까. 결과적으로 잘 팔리지는 않았지만 어쨌든 그동안 나는 새로운 것을 개발했다. 오가와 회장은 나의 이 개발 능력이 언젠가는 돈이 될 것이라고 내다보았기 때문이다. 게다가 오가와 회장과 사장인 오가와 에이지는 기술 개발에 큰 관심이 있어 경제 버블기(1986~1991년에 이르는 경제 호황기 — 감수자)에도 부동산이나 주식에 투자하지 않고 기술 개발을 지원했다.

만약 내가 앞을 내다보는 능력이 탁월하여 이런 제품을 만들어도 팔리지 않을 거라고 처음부터 포기하거나, 예산이 없으니 만들 수 없다며 일찌감치 손을 떼거나 이 일 저 일에 손대다가 결국 하나의 제품도 제대로 개발하지 못했다면 어떻게 되었을까? 아무리 우수하다는 평가를 받아도, 혹은 제품을 만들지 못한 것에 대해 아무리 변명을 해도 개발했다는 사실에 비하면 모두 소용없는 일이다. 그 누구의 눈에도 띄지 못했을 것이다.

끝까지 해낸다는 것, 완성한다는 것이 중요한 이유는 비록 작은 제품일지라도 다른 사람의 눈에 띄기 때문이다. 나는 운이 좋게도 오가와 회장의 눈에 띄어 인정을 받았다. 물론 경영자의 눈에 띄느냐 아니냐는 그때그때의 운에 달렸으며, 이는 큰 회사일수록 거의 불가능에 가깝다. 하지만 꼭 CEO가 아니더라도 부장이든, 다른 부서의 과장이든 누구라도 상관없다. 어쨌든 누군가의 눈에 들어 인정받는 것이 조직에서는 매우 중요하다. 혹은 운이 좋으면 회사 외부의 사람이 관심을 보일 수도 있다. ×× 회사의 ○○ 씨가 이러한 제품을 개발했다는 소식이 알려지면 반드시 어디서든 제안이 들어온다. 설령 제안이 아니더라도 어떤 형태로든 화제가 될 것이다. 그것이 중요하다. 내 경우 제품을 개발하자 회장의 눈에도 띄었지만 니치아화학에 나카무라라는 개발자가 있다더라는 소문이 돌기 시작했다.

독자적인 길을 걷기로
결심하다

내가 두 번째, 세 번째 제품을 개발하는 단계에서 그때까지 거의 알려지지 않았던 니치아화학의 이름이 여기저기서 들려오기 시작했다. 나는 10년에 걸쳐 세 가지 제품을 완성했지만 잘 팔리지 않았다. 인화갈륨 같은 것은 한 달에 50만 엔 정도 매출을 올렸지만 그 정도로는 전혀 '장사'가 되지 않는다. 또한 적색 LED용 에피웨이퍼가 제품화되면 사겠다고 했던 반도체 제조회사조차도 막상 제품을 가지고 가면 발광 출력이 조금 부족하다는 등 구실을 갖다 붙이며 외면했다.

팔리지 않았던 이유는 내가 만든 제품의 질이 떨어지거나 성능에 문제가 있어서가 아니었다. 단지 니치아화학이라는 인지도 없는 회사의 제품이라는 이유로 팔리지 않았던 것이다.

나는 비로소 다른 회사에 뒤지지 않는 제품을 개발한다고 해서 꼭 잘 팔리는 것이 아니라는 현실을 뼈저리게 느꼈다. 당시 이미 반도체 대기업은 적색과 적외선 LED 제품화에 성공한 상태였다. 내가 개발한 제품은 이들 대기업 제품과 경쟁했지만 성능이 같아도 니치아화학의 이름으로는 팔리지 않았다.

"니치아화학에서 이런 제품을 개발하셨다고요? 정말로 대단하십니다."

모두 감탄하기는 한다. 하지만 막상 계약 단계가 되면 하나같이 망설인다.

"사용할 수 있을지 없을지 시험은 해보겠지만 구매하기는 힘들 것 같습니다."

이유를 물으면 이런 대답이 돌아오곤 했다.

"대기업이라면 품질이 보증되지만 니치아화학은 그렇지 않으니까요."

심지어는 진심인지 농담인지 모를 말까지도 꺼냈다.

"가격을 절반으로 해주신다면 생각해 보겠습니다."

결국은 반도체 대기업의 제품이라면 믿고 구매하지만 이름도 알려지지 않은 회사의 제품은 어지간하지 않은 이상 사지 않는 것이 세상의 상식이었다. 그래서 팔리지 않았던 것이다. 물론 하나도 팔리지 않았던 것은 아니다. 100만 엔인가 200만 엔 정도 팔리기는 했지만 회사로서 그 정도 매출액은 아무런 의미도 없었다. 전혀 이익을 내지 못했다.

10년에 걸쳐 개발한 것들이 매출에 도움이 안 되자 만나는 사람마다 나에게 불평을 늘어놓기 시작했다. 그 무렵 회사의 주류 상품이었던 형광체 쪽은 경기가 좋았다. 형광체 분말은 화학과 출신자들이 만들었는데 그들이 볼 때 나는 단지 돈 잡아먹는 귀신일 뿐이었다. 연구비는 써 대면서 팔리지도 않는 제품만 만들고 있다는 이유에서였다.

회사에서는 나 혼자만 반도체를 다루고 있었고 상사들은 모두 형광체 제조를 맡고 있었기 때문에 그야말로 나는 형편없는 사람 취급을 받았다.

"회사 돈을 물 쓰듯이 하면서 자네는 대체 뭘 하고 있는 건가! 하루 종일 장난감 놀이나 하고 있는 거 아닌가!"

"우리가 고생해서 형광체로 벌어들인 돈을 자네는 헛되이 낭비만 하고 있어! 이제 회사를 그만두는 게 어때?"

이런 상황이었다. 출장을 가면 술자리에서도 상사나 영업부장에게 자주 설교를 들었다. 제품을 제대로 만들고 열심히 개발하고 있는데도 조금도 인정해 주지 않았다. 하는 일 없이 놀고먹는다는 말만 해댈 뿐이었다.

내 입장에서 말하자면 나는 영업부서나 상사가 지시한 제품을 꾸준히 연구하고 게다가 제품화까지 해내고 있으니 팔리지 않는 것은 내 책임이 아니다. 이러니저러니 탓하려면 팔리지도 않을 제품을 만들라고 한 상사와 회사가 추궁당해야 할 일이다. 내가 스스로 하겠다고 결정해서 개발한 것도 아닌데 그 책임을 전부 나에게 떠넘기는 것은 부당했다. 과거 10년간 아무런 불평도 하지 않고 고분고분 연구를 계속해 왔다. 좋은 결과를 내려고 해왔는데 줄기차게 비난만 받는다는 것은 이치에 맞지 않는다. 게다가 급여도 오르지 않고 나보다 늦게 입사한 사람들은 모두 승진하는데 나만 평사원 직위의 연구원이라는 사실은 너무 심한 처사 아닌가.

그리하여 나는 마침내 참을 수 없는 지경에 이르러 폭발하고 말았다. 그렇다고 해서 싸움을 한 것도 사표를 던진 것도 아니다. 연구자로서 그럭저럭 제품을 완성시킨 일에는 내 나름대로 만족하고 있었다. 다만 지시한 대로 결과를 냈는데도 그에 대해 질책만 받는다면 이제부터는 내가 원하는 대로 연구하겠다, 그마저도 안 된다면 회사를 그만두겠다고 결심했다.

확률을 의식하지 말고
도전하라

사람들이 하는 말을 그저 "네, 네." 하고 듣다 보면 일이 제대로 진행되지 않는다. 나는 그 사실을 겨우 깨달았다. 내 경우에도 그랬지만 회사나 조직 내에서는 종종 특이한 현상이 벌어진다. 부하직원이라면 당연히 상사나 사장이 하는 말을 들어야 한다. 현장에서는 그저 지시받은 일을 묵묵히 한다. 위에서는 예산을 줄여라, 더 빨리 하라며 아무렇지도 않은 말투로 무리하게 일을 밀어붙인다. 현장은 그 지시에 부응하기 위해 필사적으로 노력한다. 잔업을 마다 않고 온갖 지혜를 다 짜내어 일을 마치려고 애쓴다. 이렇게 만들어진 제품은 현장에서는 말 그대로 땀과 눈물의 결정체다. 제품이 완성되면 현장의 일은 종료된다. 따라서 어떤 의미에서는 팔리고 팔리지 않는 것은 현장과는 관계없다. 물론 팔리면 고마운 일이고 자부심이 된다. 회사의 이익에 공헌했으니 표창받아도 좋다. 표창까지는 아니더라도 고생했다고 금일봉 정도는 나와도 좋을 일이다.

그런데 조직의 메커니즘은 묘해서 가장 큰 공로는 상사나 경영자에게 돌아간다. 성공해서 이익을 올린 것은 자신들이 현장에 일을 지시했기 때문이라는 관념이 일반적이다. 그래서 조금이라도 일에 관련되어 있는 사람은 너 나 할 것 없이 자신의 공을 내세우며 몰려든다. 제품을 완성시킨 현장은 아무런 정책이나 의도 없이 그저 지시한 대로 따르기만 한 허수아비 취급을 받는다. 결국 성공한 것은 사장이 잘했기 때문이라는 식이다.

그렇다면 반대로 제품이 팔리지 않거나 실패한 경우는 어떨까? 갑자기 손바닥 뒤집듯 실패는 현장의 책임이 된다. 위에서 지시한 대로 하지 않아서 실패했다고 질책을 받는다. 성공은 경영자가 잘했기 때문에, 실패는 현장이 잘못했기 때문이라는 사고가 바로 조직의 메커니즘이다. 내 경우도 마찬가지였다.

어차피 내 탓이 될 거라면 내가 하고 싶은 대로 하는 것이 낫다. 그래서 해고를 당한다면 그땐 어쩔 수 없이 포기하기로 생각을 바꿨다. 이렇게 내린 결론은 최종적으로 회사에 이익을 안겨 주면 좋은 일이니 앞으로는 내 생각대로 아무도 하지 못하는 일을 해내자고 마음먹었다. 나의 신념에 따르기로 결정한 것이다. 그렇게까지 결심하자 성공의 확률 따위는 안중에도 없었다. 성공의 확률을 따지고 있다가는 아무 일에도 도전하지 못한다.

일류 대학을 나와 일류 기업에 입사한 사람들은 어떤 의미에서는 계속 성공만 경험해 왔다고 볼 수 있다. 이러한 사람들은 어떤 일을 시도하려고 할 때 항상 그 일이 성공할지 아닐지를 먼저 생각한다. 성공 확률이 어느 정도 되는지 다양한 데이터를 분석하여 따져 본다. 시작하기도 전에 결과부터 생각하는 것이다. 그리고 여러 가지 마이너스 요인을 찾아 확률이 낮다고 판단되면 뿌듯한 얼굴로 계획을 중단할 것을 제의한다. 분명히 안전한 방법이다.

하지만 데이터는 과거에 얻은 정보의 집적일 뿐이며 아무리 많이 모았다고 해서 미래의 문을 열 수는 없다. 세계를 깜짝 놀라게 할 신기술이나 신제품의 개발은 기대할 수 없다. 오히려 '성공 확률은 낮아도 상관없다. 그래도 한번 해보자!' 하는 도전 정신이야말로 성공의 문을 열 수 있다. 도전 정신에는 유약하고 안일한 사고를 불도저 같은 강한 힘으로 깨뜨리는 힘이 있다. 성공은 데이터가 아니라 집념으로 거머쥐는 것이다.

집념으로 성사시킨
무모한 제안

집념으로 성공을 거머쥐기 위한 첫 걸음으로, 나는 오가와 회장과 직접 담판을 짓기로 했다. 거절당할 것을 각오하고는 거의 자포자기의 심정으로 회장을 찾아가 청색 LED를 개발하게 해달라고 부탁했다. 이유는 단순하고 분명했다. 아직 아무도 개발하지 못했을 뿐만 아니라 성공하면 확실히 팔릴 거라고 믿었기 때문이다. 만일 이 의사를 직속 상사에게 보고하거나 회의에 상정했다면 아마도 그 자리에서 무시당했을 것이다. 그렇잖아도 회사에서 밥만 축낸다고 비난받고 있는 사람이 무모한 연구에 도전하겠다고 덤비니 머리가 어떻게 된 거 아닌가 하고 생각할지도 모른다.

만약 내가 대기업 연구원이었다면 우선 기획서나 계획서를 제출해 보라는 대답을 들었을 것이다. 그러고는 계장, 과장, 부장 등 많은 상사들이 내 기획서를 훑어볼 것이다. 개중에는 문헌까지 조사해서 연구 가능성에 대해 이러니저러니 논하는 사람도 있을 것이다. 다 쓸데없는 시간 낭비다. 그리고 결국 "유명한 학자들이 연구했지만 그들 모두가 20세기 안에는 실현될 수 없다고 결론을 내렸다."는 자료를 입수한다. 곧이어 회의가 열리고 돈을 하수구에 버리는 짓이라고 공격하는 사람이 나타난다. 이렇게 시간만 잡아먹은 끝에 계획을 단념하게끔 유도할 것이다. 설사 연구를 진행하라는 지시가 떨어진다고 해도 예산을 극도로 제한하고는 "뭐, 적당히 하게나." 하는 식으로, 전혀 열의 없는 결과로 마무리할 것이 뻔하다.

이 점에서 나는 정말 운이 좋았다. 내가 청색 LED를 개발하겠다는 말을 꺼내자 예상대로 주위 사람들은 고개를 가로저었지만 오가와 회장은 3억 엔의 예산을 내주며 단박에 연구를 승인해 주었다. 그가 대단한 점은 연구 개발에 매우 큰 중점을 둔다는 사실이다. 형광체를 주로 취급하는 회사로 발족한 초기부터 줄곧 연구 개발에 예산을 투자해 왔다.

그래서 연구 개발이라는 관점에서 직원을 지켜보았을 것이다. 내가 직접 개발 의지를 밝혔을 때도 "나카무라는 큰소리를 잘 치긴 하지만 할 일은 한다. 팔리고 안 팔리고와는 별개로, 제품을 제대로 완성시켰다.", "우리 회사에서 형광체 이외의 제품을 개발한 사람은 나카무라뿐이다."라고 나의 실적을 인정해 주었다.

끝까지 해내는 것이 중요하다고 앞에서도 말했지만 제품을 끝까지 완성했기 때문에 최고경영자에게 인정받은 것이다. 그리고 결국 이것이 큰 발명의 계기가 되었다. 잘난 척 말만 앞세우고 아무것도 완성하지 못했다면 이러한 기회는 얻지 못했을 것이다.

내가 입사할 당시 회사에는 직원이 약 200명 있었다. 10년 후 약 300명으로 늘어났는데 그중에서 새로운 제품을 만든 사람은 나 하나뿐이었던 것이다.

PART 4

아무런 실수도 저지르지 않는 사람은
아무것도 하지 않는 사람이다.
실패에서 배우는 것이야말로 피가 되고 살이 된다.

_앨프리드 슬론(Alfred P. Sloan, GM을 세계적 기업으로 키운 실업가)

성공은 데이터가 아닌
집념으로
거머쥐는 것이다

누구나 손쉽게 빛을 이용하며 살고 있기 때문에
빛의 고마움을 그다지 느끼지 못한다.
일을 마치고 집으로 돌아가
스위치를 켜면 밝은 빛이 맞아 준다.
레스토랑에 연인과 식사하러 가면
은은한 조명으로 분위기가 더욱더 고조된다.
빛은 우리가 미처 깨닫지 못하는 곳에서
우리의 생활 전반을 지배하고 있다고 해도
과언이 아니다.

역발상이 만들어 낸
에디슨의 빛

빛이 발명되기 전에 인간은 해와 달에서밖에 빛을 얻을 수 없었다. 칠흑 같은 어둠 속에서 불안에 떨면서 뜬눈으로 밤을 지새웠다. 타오르는 불에서 처음으로 밝은 빛과 따뜻한 기운을 알게 되었을 때 사람들은 얼마나 안도감을 느꼈을까. 지금은 그런 상황을 상상조차 할 수 없을 것이다.

그 후 빛에 대한 끝없는 추구가 시작되었다. 기름을 태워서 빛을 얻는 방법을 배우고, 램프의 불빛으로 어둠의 불안을 떨쳐 냈다. 또한 랜턴이나 가스등 덕분에 밤에도 마음껏 활동할 수 있게 되었다.

일본 막부 시대 말기에 미국 함선 페리호가 일본을 방문했을 때 그들의 목적은 문호 개방을 강요하기 위함이었다. 미국은 왜 그토록 강력하게 일본에 개방을 요구했을까? 그 이유 중 하나는 고래기름(경유)

을 조달하기 위해서였다고 한다.

미국은 당시 조명이나 윤활유의 대부분을 고래기름에 의존하고 있었다. 고래를 좇아 미국의 함선이 일본 근해로 빈번히 출몰하자 해난 사고도 잇달아 발생했다. 미국은 안전하게 고래를 잡기 위해 반드시 일본의 문호를 개방시켜야 했다. 어떤 의미에서 일본의 문명개화는 빛 덕분에 이루어졌다고 해도 좋을 정도다.

인류의 역사에서 '무언가를 태워 빛을 얻는 시대'는 에디슨이 전구를 발명할 때까지 상당히 오랜 세월에 걸쳐 지속되었다. 따라서 전기라는, 자연이 아닌 과학의 힘에 기반한 빛의 발명은 분명 획기적인 일이 아닐 수 없다.

에디슨이 빛을 만든 방법은 발상의 전환에서 비롯되었다. 그때까지는 연소로 빛을 내려면 당연히 산소가 필요했다. 어떤 물질이든 태우기 위해서는 산소가 없으면 안 되기 때문이다.

하지만 에디슨의 경우는 반대였다. 그가 발명한 전구에는 전류가 흐르면 열전자를 방출하는 가느다란 필라멘트가 사용되었는데, 산소가 있으면 필라멘트가 완전히 타 버려 생명이 유지되지 않는다. 따라서 공기를 차단한 진공 상태에서 필라멘트를 발광시킨다는 역발상으로 전혀 다른 발광체를 만들어 낸 것이다.

에디슨이 발명한 전등은 물질을 태워서 빛을 내는 것이 아니라 전류가 흐를 때 나오는 열에 의해 빛을 얻는다고 해서 백열등 혹은 백열전구라고 불린다. 이 밝고 오래가는 백열등의 개발에 이어 20세기 초에는 방전등(유리관 안에 특수한 가스를 넣고 방전시킴으로써 빛을 얻는 전등—옮긴이)도 발명되었다. 이로써 빨간색 네온 불빛이나 주황색 나트륨 불빛 등 다양한 색상의 빛을 만들 수 있게 되었다. 그리고 현재 어느 가정에서나 사용되고 있는 경제적이고 밝은 형광등은 1938년에 개발된 이후 놀라울 정도로 널리 보급되었다.

빛의 대혁명,
LED

1962년 LED가 발명되면서 빛의 세계에 일대 전환기가 도래했다. 전자공학의 발달에 힘입어 반도체 연구가 진행된 결과다. LED에 의한 발광의 원리는 기존 백열등이나 형광등과는 완전히 다르다. 앞에서 적색이니 청색이니 하는 말이 여러 번 나왔는데, 이들이 바로 LED다.

LED는 왜 그토록 중요한 것일까? 그것은 LED가 '전기를 열로 전환하지 않고 직접 빛을 만들어 낼 수 있기 때문'이다. 주변에서 가장 쉽게 찾아볼 수 있는 예는 기차나 지하철, 도로에서 볼 수 있는 전광 안내판과 뉴스다. 'OO 신문 뉴스. 내일의 날씨. ×× 지역 맑은 뒤 구름, △△ 지역 구름 때로는 맑음'과 같은 형태로 마치 램프와 같은 문자가 흘러가듯이 움직이는 것을 볼 수 있다.

잘 보면 자그마한 전구 같은 것이 켜졌다 꺼졌다 하면서 문자가 움직이는 것을 알 수 있다. 그 점멸의 전환이 알아채지 못할 정도로 순식간에 일어나기 때문에 마치 문자가 전광판 위를 흘러가는 것처럼 보이는 것이다.

또한 번화가의 빌딩 벽면에 설치된 대형 스크린에는 일기예보나 광고 등이 더욱 다채로운 색상의 동영상으로 나온다. 예전에는 큰 화면이 놀랍기는 했지만 화상이 다소 선명하지 못했다. 하지만 최근에는 점점 선명해져서 색상도 아름다울뿐더러 대형 텔레비전이라고 착각할 정도다. 이러한 장치에 전부 LED가 사용되고 있다. LED의 개발이 눈부신 발전을 이루었기에 이토록 선명하고 아름다운 화면이 실현된 것이다. 그 밖에 더욱 가까운 곳에서 찾아보자면 교차로와 횡단보도의 신호등, 역의 플랫폼 신호등이 있다.

이러한 장치를 흔하게 볼 수 있는 것도 LED가 대중화되기 시작했기 때문이다. 전구가 빛을 내고 있는 것이 아니다. 정교하고 작은 발광체가 빛나고 있다. 이 콩알만 한 발광체가 여러 개 모여 선명하고 보기 쉬운 빛을 낸다.

바야흐로 에디슨 이래의 백열전구를 대신하는 완전히 새롭고 독창적인 발상에 의한 발광체가 등장했으니, 그것이 바로 LED다.

LED는 어떻게
빛을 내는가

LED의 구조를 알기 위해서는 먼저 반도체가 무엇인지를 알아야 한다. '반도체'半導體는 글자 그대로 물질 속에서 '도체'導體와 '부도체'不導體 사이에 있는 것을 말한다. 그러면 도체는 무엇이고, 부도체는 또 무엇일까? 도체는 전류가 흐르기 쉬운 물질을 뜻하며, 반대로 부도체는 전류가 흐르기 어려운 물질로 일반적으로는 '절연체'絶緣體라고도 불린다.

일반적으로 물질은 원자로 이루어지고, 이 원자는 중심의 원자핵과 주변의 전자로 이루어진다. 이미 초등학교나 중학교의 과학 교과서에 나왔던 내용이므로 누구나 알고 있을 것이다. 하지만 여기서부터 약간 복잡해지므로 주의를 기울여야 한다.

외부에서 원자에 열이나 빛 에너지를 가하면 원자의 가장 바깥쪽 궤도를 돌고 있는 전자인 '가전자'價電子가 점차 열과 빛 에너지를 흡수한다. 그러면서 더욱 높은 에너지 준위로 이동해 간다. 이른바 가전자가 더 높은 에너지의 계단을 올라간다고 생각하면 된다.

그리고 계단의 높이는 원자에 따라 결정되며, 전자는 계단과 계단 사이에 머물 수 없다. 이 점에 처음 주목한 사람이 양자역학으로 유명한 덴마크의 이론물리학자 닐스 보어Niels Bohr, 1885~1962다.

물질 속에서 원자가 주변에 있는 많은 원자와 서로 작용하여 마치

띠 모양으로 넓은 에너지 준위가 형성되는데 이 띠를 '밴드'band라고 부른다.

물질의 에너지가 가장 낮은 상태일 때, 즉 에너지 준위가 최하위일 때 전자는 맨 아래에 있는 띠를 가득 채우고 있다. 이 띠를 '충만대역'filled band 또는 '가전자대역'valance band이라고 한다.

충만대역에 외부로부터 필요한 에너지, 즉 전자가 아래에서 위로 날아오르는 데 필요한 에너지를 가하면 가전자는 위에 있는 밴드의 에너지 상태로 옮겨가 주변의 원자로 이동하면서 물질 속을 돌아다닌다. 이 돌아다니는 가전자를 '전도전자'傳導電子라 하며 전도전자가 활동하는 밴드를 '전도대역'conduction band이라고 한다.

또한 충만대역과 전도대역의 중간은 계단이 없는 부분, 즉 띠가 없는 부분으로 이곳에는 전자가 존재할 수 없다. 이곳을 '금지대역' forbidden band이라고 한다.

물질은 이렇게 충만대역과 전도대역 그리고 둘 사이의 금지대역으로 이루어진다. 그래서 충만대역과 전도대역이 맞닿을 정도로 금지대역의 폭이 좁은 물질은 에너지가 조금만 있어도 가전자가 충만대역에서 전도대역으로 이동하기 때문에 전도전자를 만들기 쉽다.

이러한 물질의 한쪽 끝을 전지의 플러스 극에, 다른 한쪽 끝을 전지의 마이너스 극에 연결하면 가전자는 전기 에너지를 얻어 원활하게 전도대역으로 이동한다. 즉, 전류가 흐르는 것이다. 이와 같이 전도전자를 만들기 쉬운 물질을 도체라고 한다.

반대로 충만대역과 전도대역이 멀리 떨어져 있으면 큰 에너지를 가하지 않는 한 전자가 전도대역으로 이동하지 못한다. 다시 말해 이 경우에는 전도전자가 만들어지기 어려워 전류가 흐르지 않는다. 이 러한 물질을 부도체 또는 절연체라고 한다.

금, 은, 동은 도체이며, 전류가 통하지 않는 운모나 폴리에틸렌은 부도체다. 즉, 전류가 흐르기 쉬운 금속을 도체, 전류가 흐르기 어려 운 금속을 부도체라고 생각하면 이해하기 쉽다.

그래서 도체와 부도체의 중간적인 물질을 반도체라고 부르는 것 이다. 즉, 반도체는 충만대역과 전도대역 사이의 에너지 간격이 도체 와 부도체의 중간이다. 게르마늄^{Ge}이나 실리콘^{Si}이 이에 해당하며 이 들을 '진성반도체'라고 한다. 화합물에서는 앞에서 말한 갈륨비소 또 한 반도체다.

게르마늄이나 실리콘 같은 진성반도체에 불순물이라고 불리는 다 른 원소를 넣으면 전기를 운반하는 입자를 결정 안에 발생시킬 수 있 다. 이때 정공^{正孔}(플러스^{positive} 전하를 가진 입자처럼 행동하여 전기 전도를 담당한다)을 가진 반도체를 'p형', 전자(마이너스^{negative}의 가전자)를 가진 반도체를 'n형'이라고 부른다. 그리고 p형 반도체와 n형 반도체를 접 촉시켜 일체화한 '접합반도체'가 바로 '다이오드'다. 이 pn접합반도체 에 전류가 흐르는 방향으로 전압을 걸면 pn접합의 경계면에서 전자는 에너지가 낮은 쪽으로 이동한다. 이때 남은 에너지를 방출하는 수단으로서 빛이 생기는데 이것이 바로 다이오드에 의한 발광의 원리다. 그리고 이때 어떤 빛이 출력되느냐는 충만대역과 전도대역의 밴드갭 에너지 차이와 전자파 파장의 관계에 따라 결정된다.

전 세계가 주목한
청색 LED 개발

문제는 빛의 색깔이었다. 적색, 오렌지색 그리고 황색 LED는 개발하기 쉬워서 일찌감치 제품화되어 있었다. 적색 빛을 내는 LED는 당시 도호쿠東北 대학교에 몸담고 있던 이와테岩手 현립대학 학장인 니시자와 준이치西澤潤一(일본의 공학자. 현 조치上智 대학교 특임교수이자 도호쿠 대학교 명예교수—옮긴이) 교수의 개발이 유명하다. 또한 녹색 LED도 일단 제품화는 이루어져 있었다.

문제는 이들 색상보다 파장이 짧은 청색과 자색 빛을 내는 LED를 완성하는 일이었다. 1993년 무렵까지 청색과 자색 LED 개발은 거의 불가능하다고 인식되었다. 전 세계의 연구기관과 기업이 치열한 개발 경쟁을 벌이면서도 실용화하지 못했기 때문이다. 청색은 LED의 한계를 보여 주는 것이라는 견해가 지배적이었다.

그렇다면 왜 이렇게까지 청색 LED가 중요한 것일까? 왜 전 세계가 눈에 불을 켜고 청색 LED 개발에 열을 올리는 것일까? 적색을 발명했다면 구태여 청색에 매달릴 필요가 없지 않을까? 적색으로 충분한 밝기를 낼 수 있다면 그걸로 된 것 아닐까?

대개 이렇게 생각하기 쉽다. 하지만 그렇지 않다. 만약 녹색과 청색 LED가 개발되면 적, 녹, 청 이렇게 빛의 삼원색이 갖춰진다. 삼원색이 갖춰진다는 것은 무엇이든 원하는 색을 만들어 낼 수 있다는 뜻이므로 LED의 응용은 그야말로 무한대로 넓어질 것이다. 완벽한 컬러의 대형 디스플레이도 가능해진다.

게다가 LED를 사용하면 발광체 자체의 수명도 현격히 늘어난다. 현재 교통신호에 사용되는 전구는 1년에 한 번 전구를 교체해야 하지만 LED를 이용하면 그 수명은 10년 이상으로 크게 늘어날 것이다.

청색 LED 개발의 효과에 대해서는 나중에 더 자세하게 설명하겠지만 어쨌든 이러한 이유로 1970년대 중반 이후에 전 세계는 청색 LED의 연구 개발 경쟁으로 달아올랐다.

바닥을 쳐야
성공의 가속도가 붙는다

오가와 회장에게 청색 LED를 개발하게 해달라고 직접 담판을 지었을 당시에 나는 니치아화학의 개발과에서 성과를 인정받지 못하고 분노가 머리끝까지 차올라 이제 될 대로 되라는 심정이었다. 주변 사람들 대부분이 '그런 어려운 일을 네가 해 낼 리가 있겠어!'라는 듯 차가운 시선을 보냈던 것은 어찌 보면 당연한 반응이었다.

전 세계의 기업과 연구소가 세계에서 손꼽히는 뛰어난 인재들을 모아 매달려도 안 되는 일을 도쿠시마의 촌구석, 게다가 이름도 모르는 중소기업의 연구원이 해낼 리가 없다는 말이다.

그럴지도 모른다. 정말로 무모한 일이었는지도 모른다. 나도 처음에는 그렇게 생각했다. 그저 자포자기하는 심정으로 해보겠다고 마음먹었을 뿐이다. 하물며 정말로 내가 청색 LED를 개발할 수 있으리라고도 생각하지 못했다. 하지만 막상 연구를 시작하자 과거 10년간 해왔던 나의 연구 방식대로 깊이 생각을 거듭하는 단계로 빠져들었고, 그 시점에서 어쩌면 청색 LED를 개발할 수 있을지도 모르겠다는 생각이 들기 시작했다.

앞서도 말했지만 나는 인화갈륨의 정제부터 적색 LED용 갈륨알루미늄비소^{GaAlAs}의 결정 증착까지 모든 과정을 혼자서 완성했다. 그런데 이번에도 역시 그때와 같은 상황이 벌어졌다. 처음 1년 동안 이렇다 할 연구 결과가 전혀 나오지 않자 회사는 관심을 두지 않았으며 차츰 예산도 끊어졌다. 하지만 오히려 나는 더욱더 연구에 몰두할 수 있었다. 사실 성과가 없다 보니 점점 더 기가 꺾여 떨어질 데까지 떨어져 보자는 심정이 되었다. 그리고 그럴수록 더 깊이 생각하고 열정적으로 연구에 몰입했다. 밑바닥까지 떨어지면 그다음은 기어오르는 일만 남았다는 심경이 된다. 이때부터 새로운 발명이나 발견의 실마리가 생기고 제품화를 향해 내달린다.

전 세계의 연구원들, 그중에서도 대기업 연구원들과 내가 결정적으로 다른 점이 있다. 대기업에서는 많은 인원이 역할을 분담해 개발하는데 나는 혼자 개발해 왔다는 점이다. 게다가 나는 반도체나 LED와는 관계가 없는 환경에서부터 차근차근 걸어왔다. 그러는 동안 LED에 관한 모든 것을 배웠다는 자부심이 있었다.

대기업 연구소나 대학에서 청색 LED 개발에 몰두하는 사람은 많겠지만, LED에 관해 하나부터 열까지 모든 것을 혼자 파악하고 있는 사람은 아마 없을 것이다. 어느 한 분야에서는 전문가지만 다른 부문에는 서툰 인재들이 모여서 연구를 하는 것이 일반적인 연구실의 풍경이다. 그러나 나는 혼자서 모든 부품을 조달하고 조립하여 내 나름대로 독자적인 실험 장치를 직접 만들어야만 했다. 따라서 어떤 의미에서는 LED에 관해서라면 하나부터 열까지 모조리 파악하고 있었다고 해도 좋다.

결정 증착에서 LED 완성까지 모든 단계를 아주 하찮은 작업부터 혼자 해왔다는 자신감과 LED에 관한 기술을 모두 독학으로 몸에 익혔다는 자부심이 있었다. 이제 내 눈은 청색 LED로 향했다. 물론 청색 LED가 완성되기만 하면 막대한 이익을 얻을 수 있다는 사실도 알고 있었다.

반도체나 LED라고 하면 사업 측면에서 얼마나 유리할지는 잘 알지만 역시 개발은 전문적인 연구자나 대학 연구실에 맡기는 것이 좋다고 생각하는 사람도 있을 것이다. 그래서 내가 청색 LED 개발에 몰두한다고 말하면 반도체를 아는 업계 사람들이야 대단하다고 생각하겠지만, 그 외에는 모두 "아! 그래? 하지만 나와는 관계없는 일이지." 하고는 그만인 것이다.

한 가지에 깊이 몰입해야
혁신이 일어난다

확실히 내가 다룬 LED 분야는 매우 전문적인 세계다. 다른 사람들에게는 입구조차 알 수 없는 미지의 분야로 여겨질 것이다. 그런 세계에서 성공하든지 말든지 대개는 상관없는 일로 여긴다.

하지만 결코 그렇지 않다. 내 경우는 어쩌다 보니 샐러리맨 연구원으로서 LED라는 전문성이 매우 높은 분야에 뛰어들게 되었고, 집요하게 목표 달성을 향해 노력한 결과 마침내 성공했다.

어떤 분야든 성공의 씨앗은 어디에나 숨겨져 있다. 다만 많은 사람들이 그 사실을 알아차리지 못하거나 눈앞에 있는데도 손으로 잡으려 하지 않을 뿐이다. 아니면 도중에 포기하고 되돌아가고 만다.

내 경우에도 성공과 실패는 종이 한 장 차이였다. 도쿠시마 대학교 공학부에서 전자공학을 전공하고 대학원까지 진학했기 때문에 이렇게 작은 공장에서 땀투성이가 되어 본 적이 없었다. 또한 반도체를 연구하게 된 계기도 달리 팔릴 만한 제품이 없었기 때문에 영업과에서 때마침 읽은 신문 기사와 정보를 토대로 제안해 온 것일 뿐 아무런 근거도 없이 되는 대로 결정된 것이었다. 그러므로 혹시라도 잘 진척되지 않으면 도중에 깨끗이 일단락 지어도 질책은 받지 않았을 것이다. 하지만 나는 한 가지 일을 시작하면 깊이 빠지는 성격이다. 체념한다는 자체를 참을 수 없다. 포기하지 않고 계속 도전하다 보니 청색 LED라는 광맥을 찾아냈던 것이다.

기술과 정보가 고도로 발달된 현대 사회에서는 성공이라는 광맥도 상당히 전문화되어 있다. 자신의 주변에서 직접 성공을 이끌어 내던 단순한 시대는 이미 끝났다. 사과가 떨어지는 모습을 보기만 한다고 해서 새로운 발견을 할 수 있는 게 아니다. 대발명이나 발견을 이루려면 반드시라고 해도 좋을 만큼 어느 정도는 전문성이 필요하다. 기술적으로도 고도의 전문성이 요구되며 최신 정보를 얻지 못하면 성공하기 어렵다.

그렇다고 해서 단념하기는 이르다. 보통 사람에게는 어려워 보이는 일이라도 그 분야에 몸담고 있는 사람에게는 그다지 어렵지 않은 일반적이고 상식적인 일이 얼마든지 있기 때문이다. 이를테면 물고기를 잡는 어부가 보기에는 빌딩의 기초공사가 무척 힘든 작업이라 생각될 것이다. 그렇게 큰 빌딩을 쓰러지지 않게 하는 기술은 어부의 입장에서는 도저히 상상할 수 없다. 하지만 기초공사가 전문인 사람에게는 상당히 까다로운 공사가 아닌 한 일상적인 일로서 거뜬히 해낼 수 있다.

이와는 반대로 기초공사를 하는 사람에게는 망망대해에서 거대한 참치를 잡아 올리는 일이 거의 신기에 가까운 기술로 보일 것이다. 확실히 커다란 참치를 통째로 낚아 올리는 일은 어렵다. 하지만 어부에게는 늘 하는 일상적인 일이다.

결국 그 일에 얼마나 정통해 있느냐가 중요하다. 깊이 정통하면 할수록 곁에서 보기에는 어려울 것 같아도 본인은 의외로 힘들이지 않고 해낼 수 있다. 게다가 그 일의 어려움도 잘 알고 있다. 바로 이것이 대성공을 이루는 핵심 요소다.

내 경우도 마찬가지다. 인화갈륨의 결정 증착을 비롯해 실험에서 실패를 거듭하면 거듭할수록 LED에 정통하게 되었다. 그 사실을 입증이라도 하듯이 용접 기술 또한 날로 향상되었다. 그리고 전문 기술공도 혀를 내두를 정도의 기술력을 몸에 익히게 되었을 때 청색 LED 개발로 가는 문이 활짝 열렸던 것이다.

최첨단을 가능하게 한
장인 정신

　　　　　　　　　기술혁명 시대에는 기술 습득이 가장 중요하다. 기술이라는 무기를 어떻게 잘 다루느냐에 따라 모든 것이 결정된다. 앞서 어떤 분야든 성공의 씨앗이 숨겨져 있다고 말했는데, 이 성공의 문을 비집어 여는 열쇠가 바로 고도의 기술력이다.

　이렇게 말하면 '역시 그런가! 고학력, 고기술, 좋은 환경이 아니면 안 되겠군. 그러면 가능한 곳은 대기업뿐이 아닌가!'라고 생각할지도 모른다. 절대 그렇지 않다. 내 경우를 떠올려 보면 좋을 것이다.

　나 역시 처음부터 반도체에 관한 지식이나 기술이 있었던 게 아니었다. 몇 번이나 말했지만 거의 아무것도 없는 상태에서 출발했다. 최악이라고 할 정도로 실패를 거듭했지만 그러면서 기술을 익혀 나갔다. 어떤 때는 대기업 연구원이 아무런 부족함 없이 척척 연구를 진행하는 모습을 곁눈질로 보면서 '질 수 없다!'고 마음을 다잡기도 했다. 분한 마음이 든 적도 많다. 하지만 나는 포기하지 않았다. 오로지 눈앞의 실험을 성공시키는 일만 생각했다. 그래서 실험에 관한 일이라면 대충 넘어가는 법이 없었다. 이렇게 하다 보니 어느새 고도의 기술력을 갖추게 되었다.

　고도의 기술력이 필요한 일이라도 절대로 기죽을 이유가 없다. 처음부터 모든 걸 가진 사람은 없다. 꾸준히 노력하면서 단념하지 말고

안이한 방향으로 흐르지 않도록 확인하면서 부딪쳐 가면 누구든지 기술력을 향상시킬 수 있다.

제대로 연구 개발을 하려면 착실한 노력이 필요하다. 꾸준히 노력하면 심지어 장인과 같은 경지에 오를 수도 있다. 사실 아무리 최첨단 기술이라고 해도 이른바 '장인 기술'이라고 불리는 기술력이 필요하다. 아니, 오히려 고도의 최첨단 분야일수록 그런 기술력이 더욱더 절실하다. 다시 말해 최첨단 제품의 개발도 의외로 단순한 데서 성패가 결정된다고 할 수 있다.

누구나 에디슨이
될 수 있다

단순한 것이 또 하나 있다. 신제품의 씨앗이 되는 발상은 우리 주변의 매우 단순한 계기에서 비롯된다는 사실이다.

에디슨이 백열전구를 개발했을 때도 마찬가지였다. 에디슨은 필라멘트 자체를 발명한 게 아니었다. 이미 필라멘트의 유효성은 충분히 알려져 있었다. 다만 필라멘트의 재료가 문제였다. 그래서 1870년대에는 **탄소선**炭素線(순수한 무명실이나 대나무의 껍질을 밀폐한 그릇 속에 넣어 태워서 만든 가느다란 줄. 전구 안의 필라멘트 재료―옮긴이)을 이용하면 전망이 밝을 것으로 주목받고 있었다.

에디슨은 필라멘트의 재료에 관한 문제를 수은 배기펌프의 개량과 탄소필라멘트의 개발로 해결하여 40시간 이상 지속적으로 빛을 낼 수 있는 전구를 만드는 데 성공했다. 하지만 이 전구를 제품화하려면 필라멘트의 재료를 더욱 개량해야 했다. 처음에 사용한 필라멘트는 무명실을 탄화炭化한 것이었는데 아무래도 발광 시간에 한계가 있었다.

이때 에디슨이 착안한 재료가 대나무였다. 대나무를 탄화시켜 필라멘트에 사용하기로 마음먹은 에디슨은 전 세계의 대나무 산지에 사람을 보내 재료가 될 대나무를 물색했다. 그중에서 교토 근교의 야와타八幡에 있는 대나무가 채택되어 이후 약 10년 동안 전구의 필라멘트 재료로 사용되었다.

물론 전구의 발명에 이르는 과정에는 독창적이고 뛰어나며 예리한 발상이 있었다. 하지만 제품으로 세상에 내놓는 데 중요한 핵심은 의외로 단순하며 자신의 주변에 있는 물건에서 출발한다. 신제품을 개발하는 데 씨앗이 될 요소를 누구나 갖고 있다는 것은 바로 이 뜻이다. 가까이 있는데도 알아차리지 못할 뿐이다. 이것을 알아차린 사람만이 큰 성공의 기회를 얻는다.

마쓰시타전기산업을 창업하여 세계적인 기업으로 우뚝 서게 한 마쓰시타 고노스케松下幸之助, 1894~1989가 대표적인 예다. 그의 성공의 밑바탕이 된 실마리도 정말 단순한 데서 비롯되었다. 기존의 부품을 개량하여 두 개의 전구를 꽂아 쓸 수 있는 쌍소켓을 세상에 내놓은 일이 비약적인 발전의 시작이었다. 당시 누구나 사용하고 늘 보던 소켓을 약간 수정했을 뿐이다.

또한 혼다기연공업本田技研工業의 혼다 소이치로本田宗一郎, 1906~1991 도 손꼽을 수 있다. 혼다라는 자동차 브랜드를 세계의 혼다로 키워 낸 그의 첫걸음은 요즘 말하는 스쿠터, 즉 원동기가 부착된 자전거를 개량한 것이었다. 당시 '바타바타'(1940년대 엔진이 달린 자전거를 일컫던 말. 자전거바이크라고도 부름—옮긴이)라고 불리던 아주 어설픈 자전거를 이륜차로 개조했던 것이다.

이처럼 큰 비즈니스의 씨앗은 도처에 깔려 있다. 다만 대부분의 사람들이 일에 쫓기거나 노는 데 정신이 팔려서 그 사실을 깨닫지 못하고 기회를 놓칠 뿐이다.

나도 청색 LED라면 개발할 가능성이 있겠다고 깨달았을 뿐이다. 또한 연구에 관련된 사람이라면 누구나 청색 LED같이 큰 가능성이 잠재된 연구 주제에 한 번쯤은 도전하고 싶었을 것이다. 이 도전 정신으로 시작해 땀 흘린 결과가 지금의 성공을 이루어 냈다.

"천재는 99퍼센트의 땀과 1퍼센트의 영감으로 만들어진다!"

나는 에디슨이 남긴 이 유명한 말에 전적으로 공감한다. 우리 모두는 아인슈타인은 될 수 없어도 에디슨이 될 가능성은 있다.

전구의 발명에 이르는 과정에는
독창적이고 뛰어나며 예리한 발상이 있었다.
하지만 제품으로 세상에 내놓는 데 중요한 핵심은
의외로 단순하며 자신의 주변에 있는 물건에서 출발한다.
신제품을 개발하는 데 씨앗이 될 요소를
누구나 갖고 있다는 것은 바로 이 뜻이다.
가까이 있는데도 알아차리지 못할 뿐이다.

미국 유학길에서
뜻밖의 수모를 당하다

나는 에디슨에 도전했다. 그리고 에디슨과는 완전히 다른 발상에 따른 발광체의 완성을 목표로 삼았다. 그 첫걸음이 바로 청색 LED 개발이었다.

청색 LED에 도전하기로 결심했을 때 오가와 회장에게 예산 편성과 동시에 한 가지를 더 부탁했다. 바로 미국 유학이었다.

나는 당시 니치아화학 매출의 1.5퍼센트에 이르는 3억 엔이라는 파격적인 금액을 예산으로 지원받았고, 미국 플로리다 대학교로 1년 동안 유학을 가게 되었다. 이때 청색 LED 개발에 반드시 필요한 '유기금속화학증착법'Metal-Organic Chemical Vapor Deposition, MOCVD(금속유기원료의 화학반응을 이용하여 기판 위에 화합물의 아주 얇은 막을 형성시키는 방법—감수자)을 공부하게 되었다.

영어도 거의 할 줄 몰랐다. 중·고등학교 시절부터 암기력에 의존하는 사회나 국어 과목은 두드러기가 날 정도로 싫었다. 더구나 영어는 처음부터 쳐다보지도 않았기 때문에 말을 할 수 있을 리가 없었다. 특별히 기억력이 나쁜 것은 아니다. 오히려 다른 사람들보다 신기할 정도로 좋은 편이다. 사실 LED를 연구할 때도 전혀 메모를 하지 않고 데이터를 전부 기억했을 정도다. 좋아하는 일이라면 밤새 생각해도 힘들지 않았지만 아쉽게도 영어는 그렇지 않았다. 그때의 영어 회화 실력은 아마도 중학생 수준이었을 것이다.

자포자기하는 심정이었는데도 의기만은 넘쳐났기에 조금도 불안하지 않았다. 그리고 또 한 가지, 미국에 가면 세계적인 연구자들과 교류할 수 있으리라는 기대도 있었다. 그들과 교류하게 되면 도쿠시마 현의 촌구석에서는 접할 수 없었던 정보도 얻을 수 있고 자극도 받을 것이다. 이렇게 기대에 부풀어 미국으로 날아갔다.

하지만 기대와 현실은 항상 어긋나기 마련이다. 그곳의 상황은 내가 꿈꾸던 유학과 사뭇 달랐다. 반도체 결정의 제조 기술을 배우기 위해 유학을 갔는데 미국에서 연구되고 있는 것은 모두 내가 알고 있는 내용뿐이었다. 기술적인 면에서는 배울 것이 없었다.

하지만 이는 내 기술과 제조 장치가 나 자신도 미처 깨닫지 못하는 사이에 세계적인 수준까지 도달해 있다는 뜻도 되었다. 기술적인 부분에서는 배울 것이 없었지만 나의 연구 방법이 잘못되지 않았다는 확신을 얻은 점, 그래서 더욱더 자신감을 갖게 되었다는 점에서는 의미 있는 유학이었다.

자신감을 갖게 되었다는 사실보다 더 의미 있었던 한 가지는 '논문을 쓰지 않으면 연구자로서 인정받을 수 없다'는 냉엄한 현실을 알게 되었다는 사실이다. 플로리다 대학교에서 유학하던 1년 동안 교수와 학생들에게 가장 많이 들었던 질문이 있다.

"나카무라 씨, 박사 학위 있어요?"

나는 도쿠시마 대학교에서 대학원을 졸업했기 때문에 석사 학위 Master Degree를 갖고 있었다. 하지만 그 위 단계인 박사 학위 Ph. Doctor Degree는 없다. 그래서 박사 학위는 없다고 대답하면 반드시라고 해도 좋을 정도로 그다음에 쏟아지는 질문이 있었다.

"그러면 어떤 논문을 쓰셨나요?"

하지만 나는 이 질문에도 "논문을 쓴 적이 없다."고 답할 수밖에 없었다.

니치아화학에 입사한 이후 10년 동안 여러 가지 연구와 실험을 해 왔지만 회사의 기밀 유지를 위해서라는 이유로 발표가 모두 금지되었기 때문이다. 그래서 그때까지 해온 연구에 관해 학회에 발표한 적도, 논문을 쓴 적도 없었다.

만일 일본에서라면 이런 상황에서 '무언가 사정이 있겠지.' 하고 신경 써 주는 사람이 있었을 것이다. 귀 기울여 이야기를 들어주거나 적절한 조언을 해주기도 할 것이다. 박사라는 학위가 있든 없든, 논문이 있든 없든 일본에서는 연구를 한다고 하면 어느 정도는 인정해 주었다.

그런데 미국에서는 그렇지 않았다. 나의 대답에 모두 태도가 180도로 달라졌다. 그때까지는 함께 배워 가는 동료이자 같은 연구자로서 대우해 주던 사람들이 손바닥 뒤집듯 태도가 돌변하여 나를 완전히 무시했다. 비슷한 수준의 인간 혹은 같은 목표를 가진 동료 의식에서 '뭐야! 단순한 기술자로군.'이라는 듯한 시선으로 바뀐 것이다.

발표한 논문이 한 편도 없다는 이유로 나는 연구자에서 장치 조립 등 일손이 필요할 때만 불려 가는 한낱 노동자로 전락했다. 그들은 연구에 필요한 회의에도 나를 부르지 않았으며 간혹 참석해도 무시하기 일쑤였다. 그 굴욕은 말로 이루 다 표현할 수 없을 정도였다. 실제로 내가 아무런 실적이 없어서, 또는 정말로 실력이 없다는 것을 절실히 느끼게 하려는 의도라면 또 모르겠다. 그렇다면 내가 나의 무능력을 깨닫고 그들과 같은 수준까지 도달하기 위해 노력하면 되는 일이니 말이다. 하지만 내 경우는 사정이 조금 달랐다. 연구 실적이나 기술력으로는 결코 그들에게 뒤지지 않았다. 게다가 내가 개발하여 제품화한 실적도 사실로서 확실히 검증할 수 있었다. 그런데도 지금까지 내가 쌓아 온 실적이 전부 부정되고 있었다. 나로서는 절대로 인정할 수 없는 일이었다.

지지 않겠다는 의지로
상처와 절망을 이기다

나는 미국에서 아무것도 배우지 못한 채 일본으로 돌아왔다. 다만 분한 마음이 들어 앞으로는 절대 지지 않겠다는 각오를 마음에 새겼다. 매일 용접만 하고 있다가는 아무리 실력이 좋아도, 아무리 성과를 내도 세상은 결코 나를 연구자로 인정하지 않는다는 걸 깨달았다. 유학 중에 분해서 이를 악물었던 것을 계기로 무슨 일이 있어도 보란 듯이 논문을 발표하겠다고 스스로 다짐했다.

무언가 새로운 발명을 한다거나 새로운 발견에 도전할 때, 지고는 못 사는 이 오기는 매우 중요하다. 이것이 에너지원이 되어 무모해 보이는 일에도 맞설 수 있다. 만약 이러한 오기가 없다면 그저 안이한 방향으로 되는 대로 흘러갈 것이다. 인간은 힘들게 고생하기보다는 편하게 살아가는 길을 선택하는 동물이기 때문이다. 이런 자세로는 아무 일도 해내지 못한다. 무언가를 움직여 앞으로 나아가는 일이 진보라고 한다면 쉽고 편한 길만 선택해서는 결코 발전할 수 없다. 벽이나 장애물을 부수고라도 전진하려는 에너지가 있어야 앞으로 나아갈 수 있다.

분한 마음을 잔뜩 안고 돌아온 나는 이대로 지고 있지는 않겠노라고 다짐했다. 이때부터 다시 연구에 활력이 생겼다.

'기필코 논문을 써서 나를 바보 취급한 무리들을 찍소리 못하게 해주겠다. 그러려면 완전히 새로운 결과를 내야 한다. 새로운 실험의 성과를 논문으로 발표해야 한다!'

그렇다면 20세기 안에는 도저히 개발할 수 없다고들 하는, 바로 그 청색 LED를 연구해서 반드시 논문을 쓰겠다고 결심했다. 당시 청

색 LED를 개발할 자신은 전혀 없었다. 다만 무슨 일이 있어도 논문만
은 꼭 써야겠다고 마음먹었다.

지금 곰곰이 생각해 보면 나에게는 두 번이나 오기가 발동했다.
이 오기가 나를 청색 LED 개발에 도전하게 한 근원이 아니었을까. 한
번은 니치아화학에서 실적을 올리면서도 쓰레기 취급을 받으며 따돌
림당했을 때다. 오기가 치밀었다. 그리고 또 한 번은 미국 유학을 가
서 무시당하고 분한 마음이 들었을 때다.

연속해서 두 번이나 상처를 받으면 웬만해서는 기가 죽을 것이다.
하지만 자존심을 다친 두 번의 경험이 오히려 내게는 강한 에너지를
부여했던 모양이다. 에너지가 강해지면 연구하는 데 집중력이 상당히
높아진다. 그래서 연구를 시작하면 아무하고도 말을 섞지 않는다. 나
는 회사에서 누구와도 말을 하지 않았고, 회의에도 들어가지 않았으며
전화도 받지 않았다. 오로지 청색 LED 연구에만 전심전력을 다했다.

청색 LED의 미래에
모든 것을 걸다

스탠리전기Stanley Electric Co., Ltd.나 휴
렛팩커드Hewlett-Packard Company를 비롯한 최고 기업에서는 이미 적색과
오렌지색 LED 개발에 성공했다. 그리고 다른 기업 중에서도 이미 녹색

이나 청색 LED를 개발한 곳이 있었다. 하지만 말만 녹색이지 실상은 황색에 가까웠으며, 청색은 녹색에 가까운 청색이어서 빛이 너무 약한 탓에 실용화할 수 없는 상태였다.

나는 이들 기업조차 아직 달성하지 못한 분야에서 성공하고야 말 겠다는 야망을 품고 있었다. 그것이 바로 실용 가능한 휘도의 밝기를 내는 청색 LED였다. 밝은 청색이 개발되면 과연 어떤 일이 가능해질 까? 그 한 가지는 바로 백색 LED를 만들 수 있다는 것이다.

흰색은 평소 생활하다 보면 어디에나 당연히 존재하는 색이기 때 문에 별다른 의문 없이 받아들이고 있지만 실은 미세하고 다양한 색 의 혼합체로 이루어진다. 굉장히 미세하기 때문에 사람의 눈으로는 식별할 수 없을 뿐이다. 단순하게 보이지만 어떤 의미에서는 매우 복 잡한 색이다. 이 복잡한 백색을 만드는 데 없어서는 안 되는 색이 바 로 청색이다. 따라서 청색 LED를 개발하지 못하면 백색광도 만들 수 없다. 즉, 청색 LED가 완성되어야만 비로소 백색 LED를 만들 수 있 다는 뜻이다. 이 백색 LED가 발명되면 현재 전 세계에서 사용하고 있 는 백열전구는 점차 사라질 것이다. LED는 백열전구보다 수명이 훨 씬 길고, 에너지 절약 효과까지 있기 때문이다.

백색 LED의 장점 한 가지만 취하더라도 나의 앞에는 무한한 가능 성이 펼쳐질 것이며, 동시에 막대한 이익을 가져다주는 시장이 형성 될 것이다.

백열전구의 세계시장 규모는 1조 3,200억 엔(2015년 현재 세계 LED 조명 시장 규모는 약 33조 원으로 추산된다고 2015년 2월 25일 대만《디지타임스》가 보도했다. 이는 2014년보다 24.8퍼센트 성장한 규모라고 한다―옮긴이) 에 이른다고 한다. 내가 제품화한 백색 LED가 백열전구를 대체한다면 말 그대로 꿈같은 성공이라고 말할 만하다.

물론 청색 LED 개발에 착수했을 당시는 그렇게 거대한 사업으로까지 발전할 줄은 전혀 예상하지 못했다. 다만 청색 LED가 완성되면 확실히 큰 이익을 가져오리라는 것 정도는 실감하고 있었다. 하지만 실제로 연구를 시작한 계기는 순전히 '오기'였으며 그때만 해도 청색 LED를 개발할 수 있으리라는 자신이 없었다. 그저 오기에서 솟구치는 에너지로 밀고 나갔다.

PART 5

나의 현재를 성공이라고 한다면
나의 과거는 전부 실패로서 토대를 쌓아 온 셈이다.
모든 일은 실패의 연속이다.

_혼다 소이치로(本田宗一郎, 혼다자동차 창업자)

1퍼센트의 가능성에
도전하라

1퍼센트라도 가능성이 있는 일에
온정신을 쏟아부어
도전할 수 있는 용기가 없다면
세계적인 연구를 할 수 없을뿐더러
전 세계가 깜짝 놀랄 만한 성과는 어림도 없다.
상식의 범위 안에서 아무리 생각해 봤자
그것은 어디까지나 상식일 뿐이기 때문이다.

제로에 가까운
가능성에 주목하다

미국 유학을 마치고 귀국하자 곧바로 청색 LED 연구에 착수했다. 첫 번째 과제는 LED의 재료를 정하는 일이었다. LED를 개발하려면 먼저 사파이어Sapphire 기판을 섭씨 1,000도 이상의 고온으로 가열한 다음, 재료를 결정結晶시켜 얇은 막을 여러 겹 만들어야 한다. 이때 어떤 재료로 결정시키느냐에 따라 LED의 색깔이 정해진다. 그리고 완성된 박막의 품질에 따라 개발의 성패가 판가름 난다.

당시 청색 LED의 재료로는 탄화규소SiC, 셀렌화아연ZnSe, 질화갈륨GaN 세 가지가 연구되고 있었다. 그중 탄화규소는 청색 LED를 만들 수는 있지만 어두운 청색밖에 내지 못해 장래성에 확신이 없었다. 그래서 사실상 셀렌화아연과 질화갈륨 두 가지 중에서 정해야 했다.

하지만 질화갈륨에는 결정화가 어렵다는 큰 결점이 있었기에 대부분의 기업과 연구자들은 셀렌화아연을 청색 LED의 유력한 재료로 선택하여 밤낮없이 연구에 몰두하고 있었다.

당신의 앞에 큰 성공과 막대한 이익을 가져다줄 세 가지 방법이 있다고 하자. A는 누구나 가능성이 낮다고 판단한 방법, B는 중대한 결점이 있는 방법, C는 세상 사람들 대부분이 가장 가능성이 높다고 인정한 방법이다. 당신은 어떤 방법을 선택하겠는가? 상식적으로는 누구나 C를 선택할 것이다.

경마에 비유한다면 누구나 출전조차도 불안해 하는 말 A, 다리와 허리가 부실한 말 B, 제대로 달릴 수 있는 말 C가 경기에 나선 것이다. 대부분 C를 가장 유력하다고 생각할 것이다. 우승은 이 말을 어떻게 달리게 하느냐에 따라 결정된다.

청색 LED의 개발에서는 말 C가 셀렌화아연인 셈이다. 말 C에 탄 기수를 연구자라고 한다면 말 C를 천천히 혹은 보통 속도로 달리게만 해도 청색 LED가 완성될 것이다. 실제로 전 세계가 그렇게 믿고 있었다. 오로지 어떤 기수가 가장 빨리 결승점에 도착하느냐의 경주인 셈이었다. 다만 시기적으로 20세기 안에는 불가능하다고 생각했을 뿐이다. 그래서 누구나 청색 LED의 재료로 셀렌화아연을 선택하는 것을 당연하게 여겼고, 실제로 대기업이나 대학 연구소에서는 대부분 셀렌화아연으로 실험하고 있었다.

그러나 나는 셀렌화아연을 선택하지 않았다. 불과 몇 곳에서밖에 다루고 있지 않던 질화갈륨, 즉 말 B를 청색 LED의 재료로 선택하여 실험에 몰두했다.

당시 이 판단은 완전히 비상식적이라고 말해도 좋을 것이다. 나중에 나는 "그때 왜 질화갈륨을 선택했느냐?"는 질문을 자주 받았다. 그때마다 "거의 자포자기 상태였거든요."라고 대답했다. 반쯤은 자포자기하는 심정으로 다른 사람들이 절대로 불가능하다고 하는 재료를 선택했던 것이다.

그러나 사실은 다르다. 분명히 남들이 보기에는 이제 어떻게 되든 상관없다고 거의 포기한 상태에서 기사회생을 노리고 출전했다가 운이 좋아 승리한 것처럼 보일 것이다. 솔직히 자포자기했던 심정이 전혀 없었던 것은 아니다. 그래서 질문을 받을 때마다 자포자기했기 때문이라고 대답했다. 거짓말은 아니다.

그때 내가 질화갈륨을 선택한 결정적인 이유는 셀렌화아연에 비해 청색 LED의 재료로 성공할 가능성이 제로에 가까웠기 때문이었다. 그리고 완전히 제로가 아니라 제로에 가까운 가능성이 있다는 사실에 주목했다.

'가능성이 제로에 가까운 재료'에 승부를 건 것은, 실은 내 경험에서 비롯된 선택이었다. 대기업이나 일류 대학의 연구실과 똑같은 연구를 해도 막상 제품화했을 때는 팔리지 않는다는 현실을, 미국에 가기 전에 적색 LED 건으로 이미 뼈저리게 느꼈기 때문이다. 대기업에 지지 않을 정도의 제품을 완성했지만 단지 니치아화학이라는 잘 알려지지 않은 회사의 제품이라는 이유만으로 팔리지 않았다. 이 가혹한 현실을 이미 맛보았기 때문에 두 번 다시 부당한 일을 겪고 싶지 않았다.

그저 오로지 연구만 하는 거라면 그렇게까지는 생각하지 않았을 것이다. 대기업이나 대학의 연구원들과 다른 것이 바로 이 점이다. 나는 제품이 팔릴까, 팔리지 않을까 하는 고민까지 해야 했다. 제품화했을 때 니치아화학의 이름으로도 팔아야 했다. 그러기 위해서는 다른 연구원들과 같은 재료를 사용해서는 안 되었다. 당시 대기업은 대부분 셀렌화아연을 재료로 청색 LED를 연구하고 있었다. 따라서 내가 같은 재료로 개발에 성공한다고 해도 제품화 단계에서 대기업에 밀려 팔리지 않을 것이라고 예측했던 것이다.

당연히 질화갈륨을 재료로 사용하는 것은 셀렌화아연에 비해 가능성이 제로에 가깝다느니, 무모하다느니 부정적인 말을 많이 들을 수밖에 없었다. 이는 셀렌화아연을 이용하는 것이 세상의 상식이었기 때문이다. 하지만 상식이라고 하면서 아직까지도 셀렌화아연으로는 개발에 성공하지 못한 것 아닌가.

그렇다면 셀렌화아연은 세상의 상식이 아니라 그저 단순한 아집에 불과하다. 그러한 상식 따위 어쩌면 고려할 필요조차 없을지도 모른다. 사람들은 상식이라는 껍데기에 현혹되어 아무런 의심도 없이 셀렌화아연을 선택했을 뿐이다.

그렇다면 '제로에 가깝다'고 알려진 질화갈륨을 선택해서 청색 LED에 도전하는 게 이상할 것은 하나도 없다. 더구나 다른 대기업에서는 거의 질화갈륨을 이용하지 않는다. 그러니 개발에 성공해 제품으로서 완성한다면 니치아화학의 독자적인 제품으로서 날개 돋친 듯 팔릴 것이다.

상식적인 아이디어로는
이미 내가 설 자리가 없다

질화갈륨을 선택한 데는 지극히 개인적인 이유도 있었다. 바로 미국에서 겪은 울분을 풀기 위해 논문을 쓰겠다는 것이었다. 그것도 평범한 논문이 아니라 전 세계 학자와 연구자들이 깜짝 놀랄 만한 논문을 쓰겠다고 마음먹었다. 그러기 위해서는 상식적인 셀렌화아연을 연구 주제로 삼을 수는 없었다. 아마 아무도 거들떠보지 않을 것이다. 이미 다양한 연구가 진행되고 있어 나 같은 신출내기가 나설 자리가 없다고 판단했고, 따라서 아무도 생각하지 못한 것을 주제로 삼을 수밖에 없었다. '가능성이 제로에 가까운 도전'은 이러한 나의 개인적인 속셈과도 맞아떨어졌다.

질화갈륨을 선택했을 때, 나는 이 연구로 논문을 쓸 수 있겠다고 직감했다. 지금껏 아무도 선택하지 않은 주제였기 때문이다. 그래서 청색 LED의 제품화까지 실현시키지는 못하더라도 질화갈륨 연구를 논문으로 발표하게 된다면 나 자신은 어느 정도 만족할 수 있을 것 같았다.

논문을 쓰는 것이 당시 나의 유일한 꿈이었다. 질화갈륨으로 청색 LED를 개발하는 데 성공할 것이라는 확신은 없었지만 논문 정도는 쓸 수 있겠다고 생각했다.

미련한 방법처럼 보일지라도
얕보지 마라

질화갈륨으로 청색 LED를 연구하던 시기에 나는 매우 중대한 결단을 내렸다. 바로 다른 사람의 논문이나 참고 문헌을 읽지 않기로 한 것이다. 오로지 내가 한 실험 결과만으로 연구를 진행하리라 마음먹었다.

과거 10년간 나 또한 대부분의 사람들과 같은 방법으로 연구했다. 다른 사람의 연구 논문이나 실험 결과를 먼저 조사한 뒤 거기에서 출발하는 방법이었다. 혼자 처음부터 시작하기보다는 다른 사람의 성공과 실패 사례를 참고로 해야 안전하다. 그래야 원활하게 진척될뿐더러 무엇보다 헛고생하는 일이 줄어든다. 그 때문에 많은 연구자들이 과거의 데이터와 참고 문헌을 조사하는 데서 연구를 시작한다.

하지만 10년 동안 이렇게 연구하면서 이 방법에는 보이지 않는 함정이 있다는 것을 깨달았다. 의식하든 의식하지 않든 다른 사람의 연구 방법을 그대로 따라 하게 된다는 점이다. 그렇다면 결과는 어떨까? 그들이 실패한 것과 똑같은 원인으로 실패한다. 실패마저 따라 하게 된다. 결국 한 발짝도 앞으로 나아가지 못한다.

물론 다른 사람의 연구 방식을 따라 하는 게 전부 잘못되었다는 말은 아니다. 다른 사람이 쓴 문헌이나 논문을 무조건 따라 하지만 않으면 된다. 남의 연구 방식을 보고 자신의 기준으로 판단해서 어느 방식이 더 나은지 확인할 수도 있다.

하지만 이래서는 결코 다른 사람의 방식에서 벗어나지 못한다. 따라 하면 할수록 혹은 확인하면 할수록 그 방식에 사로잡히기 때문이다. 특히 비교적 꽤 진척되어 있는 연구 문헌을 찾았을 경우 마지막 한 걸음만 더 나아가면 목적지에 다다를 수 있다고 착각하기 쉽다. 어떤 의미에서는 어쩔 수 없는 일인지도 모른다. 실제로 당연한 수순이기도 하다. 하지만 여기서 분명히 알아야 할 점은 기존의 방식을 따라 한다고 해서 꼭 성공하리라는 보장은 어디에도 없다는 사실이다. 이제 겨우 손이 닿을 만한 곳까지 다가왔다고 생각한 순간 바로 눈앞에 거대한 장벽이 나타나는 경우는 얼마든지 있다. 반대로 처음 시작하는 단계에서 너무 힘들어서 중도에 포기한 연구 방식이지만 일단 그 부분만 넘어서면 의외로 수월하게 목적지에 도달하는 경우도 많다.

신제품 개발은 늘 시야를 가로막고 있는 정글 속을 헤쳐 나가는 것과도 같다. 그러니 다른 사람의 방식은 믿지 않는 편이 좋다. 나는 청색 LED를 개발하는 동안 일부러 다른 사람의 논문을 읽지 않았다. 남을 따라 하고 싶지 않았기 때문이다. 순수하게 내 실험 결과만으로 판단하기로 했다.

어쩌면 멀리 돌아가는 방식인지도 모른다. 속된 말로 미련한 방법일 수도 있다. 하지만 이 방법이 내게는 가장 확실했다. 물론 기존에 발표된 논문을 읽지 않겠다고 했지만 내가 과거에 연구한 내용이나 실험 결과는 빈틈없이 검토했다. 이 실험 결과를 토대로 장비를 개조하고, 다시 실험하고, 그 결과를 재검토하는 날들이 계속되었다. 한마디로 철저하게 기존 방식을 배제하고 오로지 나의 방식, 즉 실험 결과만을 중시하는 나만의 고유한 방법을 관철하고자 했다.

무모한 도전을
시작하다

청색 LED를 만들려면 우선 질화갈륨의 얇은 막을 만들어야 한다. 박막을 만드는 데는 유기금속화학증착

MOCVD장치를 사용했다. 질소 원료로 암모니아를, 갈륨 원료로 유기금속갈륨을 가스 형태로 만들어 도료처럼 사파이어 기판에 뿌려서 입히는 장치다. 결국 이 장치로 깨끗한 박막을 만들 수 있느냐 없느냐가 청색 LED 개발의 성패를 가르는 열쇠를 쥐고 있다.

반도체 재료는 '결정격자에 결함이 없이 깨끗한 결정구조로 이루어져야 한다'는 것이 이 세계의 '상식'이었다. 결정구조가 균일하고 깨끗하게 퍼져 있을수록 전자Electron와 정공Hole이 효율적으로 결합하여 빛으로 전환된다. 반대로 결함이 있으면 전자와 정공이 결함에 잡혀서 제대로 결합이 이루어지지 않아 빛을 내지 못하고 열로 바뀌고 만다.

그런데 내가 선택한 질화갈륨은 결정을 쉽게 만들지 못한다는 중대한 결함이 있었다. 암모니아와 유기금속이 반응하면서 부가생성물(탄소, 수소의 결합물질)이 생겨 질화갈륨의 결정 증착을 방해하는 것이 문제였다. 그러니 이 분야에만 몰두해 온 사람들이 보기에는 질화갈륨을 선택한 것이 나막신을 신고 에베레스트 산을 오르는 것보다 무모한 일일 것이다. 거의 미친 짓이었다.

어려운 길을 선택한 이상 끝까지 해내야 했다. 게다가 반응장치를 잘 활용하면 좋은 질화갈륨 막을 만들 수 있다는 연구 결과도 있었다. 그래서 적색 LED의 디바이스를 연구하던 때처럼 직접 내 손으로 장비부터 개조했다.

매일 아침 7시에 출근해서 오로지 장비를 개조하는 데 전념했다. 오전에는 장비를 개조하고, 오후에는 반응실험을 했다. 이 시기는 오로지 개조와 실험의 반복이었다.

그러나 아무리 실험에 실험을 거듭해도 질화갈륨으로 좀처럼 깨끗한 결정을 만들지 못했다. 사파이어 기판 위에 반응 가스를 흐르게 할 때 반응 온도가 섭씨 1,000도로 매우 높아 기판에서 큰 열대류(열의 작용으로 인해 수직 방향으로 일어나는 공기의 흐름—옮긴이)가 일어난다. 그 때문에 가스가 열로 바뀌어 증발되므로 결정이 만들어지지 않는 것이다.

이렇게 반년이 지나고 눈 깜짝할 사이에 1년이 흘러갔다. 청색 LED를 개발하기 시작했을 때는 그 가능성에 승부를 걸어서인지, 사장의 한마디 지시 때문인지 예산이 배정되었다. 하지만 반년이 지나고 또다시 1년이 지나도 결과가 나오지 않자 회사도 점점 예산을 내주지 않았다.

장치를 개조하려면 돈이 필요했다. 결과를 내지 못하자 나 역시 불안해졌다. 모험적인 실험을 반복하고 있는 데 대한 불안감이었다. 게다가 다른 대기업 연구실에서는 많은 사람들이 함께 매달리고 있는 연구를 나는 혼자 하고 있었다. 이렇게 해서 성공할 수 있을까 하는 불안을 느끼면서 하루하루를 보냈다. 특히 학회에 참석할 때면 주위 환경과 내가 처한 입장의 차이에 크게 놀라고는 했다. 명문 대학의 저명한 교수가 "질화갈륨으로는 어림도 없을 걸세."라는 말이라도 건네면 의지가 어지간히 강한 나도 '역시 불가능한 걸까?'라는 생각에 어느새 기가 죽곤 했다.

불확실한 미래와
싸워 이기는 법

반년쯤 지나면서 연구에 집중하게 되자 불안감도 사라졌다. 이때는 불안 같은 감정을 느낄 여유조차 없었다. 오로지 장비의 개조와 실험으로 밤낮을 보내면서 주위 사람들로부터 떨어져 있었기 때문이다. 내 머릿속은 온종일 청색 LED 생각으로 가득 차 있었다.

내가 속해 있던 개발과는 외부로부터 끊임없이 전화가 걸려 왔다. 과거 10년 동안 연구하면서 알게 된 업자들이 많기 때문이다. 그래서 계속 전화를 받아야 했고, 그때마다 실험이 중단되었다. 하지만 청색 LED 실험의 경우는 반응장치에 줄곧 붙어 있지 않으면 실험을 할 수 없었다. 밸브 스위치를 껐다 켰다 해야 하기 때문이었다. 그래서 아침에 출근하여 실험을 시작하면 절대 전화를 받지 않았다. 요즘이야 반응장치에 컴퓨터가 연결되어 있어 자동으로 조작이 가능하지만 당시는 아직 수동이었다.

회의에도 참석하지 않았다. 내게는 시답잖은 회의에 들어가는 것보다 실험 반응을 지켜보는 과정이 중요했다. 실험을 시작하면 전화도 받지 않고 회의도 외면한 데다 사람들과도 일절 말을 섞지 않았다. 당시 사내에서 나의 말 상대라고는 내 일을 도와주는 부하직원 한 사람밖에 없었는데 어느새 그와도 거의 말을 하지 않게 되었다. 그 정도로 연구와 실험 외에는 어떤 일에도 신경을 끊은 채 오로지 청색 LED 연구에 빠져 있었다.

당연히 회사에서는 별난 사람 취급을 받았다. 질화갈륨이라는 가능성이 1퍼센트나 될까 말까 한 재료를 선택한 연구자의 숙명이랄까. 아무튼 실험 결과와 인내만이 내가 지닌 무기였다. 그리고 그 인내 속에는 실험에서 얻은 결과에 대해 깊이, 또 깊이 생각하는 과정이 포함되어 있었다.

개조를 거듭해도 질화갈륨 막을 만들어 내지 못하는 이유는 무엇일까? 나는 매일 밤낮없이 실험에 대해 생각했다. 그때의 상태를 나중에 아내에게 물으니 마치 무언가에 홀린 것 같았다고 한다. 그렇다고 철야까지 해가면서 연구에 몰두하지는 않았다. 저녁 8시에는 집으로 돌아가 가족과 함께 저녁을 먹었다.

연구에 열중한 나머지 불규칙한 생활을 한다고 해서 좋은 결과가 나오는 것은 아니라는 사실을 잘 알고 있었기 때문이다. 이는 중·고등학교 시절 배구부에 있을 때 얻은 교훈이다. 비효율적인 방법으로 아무리 노력한들 좋은 결과는 결코 나오지 않는다는 사실을 그때 몸소 깨달았다.

남들보다 갑절이나 노력하기는 했지만 규칙적인 생활을 하려고 항상 주의를 기울였다. 하지만 아내는 내가 무언가에 홀린 듯이 연구에 빠져 있는 것만은 알아보았던 모양이다. 생활은 규칙적이었지만 집에 돌아와도 말수가 극히 적어졌으며, 가족여행을 가도 혼자 다른 생각에 빠져 있었다. 어디에 가든 머릿속에는 청색 LED밖에 없었다. 질화갈륨 결정에 대한 생각뿐이었다.

맨 밑바닥에서 떠오른
결정적 아이디어

왜 질화갈륨의 결정이 만들어지지 않는 것일까? 나는 나 자신을 가장 밑바닥까지 끌어내리며 한없이 생각 속으로 빠져들었다. 아무리 실험을 해도 결과가 나오지 않는다. 그 이유를 생각한다. 그래도 결과가 나오지 않는다. 또다시 깊이 파고들어 생각한다. 이렇게 점점 나를 몰아가다 보면 다른 일은 안중에도 없고 연구에만 집중하게 된다.

아침부터 밤까지 혼자서 집중해 생각하고, 또 생각을 거듭해도 좋은 결과가 나오지 않으면 결국 밑바닥까지 떨어지고 만다. 더 이상 이러지도 저러지도 못하는 상황에서 자신을 끝까지 몰아넣으면 어떻게 될까? 남은 것은 기어오르는 일뿐이다.

그리고 이 과정이야말로 실은 내가 제품을 개발하는 패턴이라는 사실을 깨달았다. 앞서 세 가지 제품을 개발했을 때도 똑같은 연구 패턴이었다. 나는 항상 주위로부터 외면당하고 무시당할 때부터 연구에 집중할 수 있었다. 생각처럼 결과가 나오지 않아 기운이 빠지고 내 안으로 깊숙이 침잠해 갈 때 비로소 아이디어가 번뜩 떠오르는 식이다.

청색 LED 연구를 시작하고 이러한 상태에 빠진 지 거의 1년이 지난 어느 날, 한 가지 아이디어가 번뜩 떠올랐다.

드디어 청색도 빛을 낼 거라는 예감이 들었다. 밑바닥까지 곤두박질치고 나면 그다음은 기어 올라가는 수밖에 없다. 밑바닥을 의식하는 일이 내게는 성공으로 향하는 직감이었다. 희한하게도 언젠가 결정적인 아이디어가 떠오를 거라고 믿으면 정말로 그렇게 된다.

'반응 가스가 기판의 열로 날아간다면 다른 가스를 위에서 뿌려 열대류를 억누르면 된다.'

고심한 끝에 나온 아이디어였다. 그리고 이 아이디어가 난관을 돌파할 수 있는 결정적인 계기가 되었다.

밑바닥까지 곤두박질치고 나면
그다음은 기어 올라가는 수밖에 없다.
밑바닥을 의식하는 일이 내게는
성공으로 향하는 직감이었다.
희한하게도 언젠가 결정적인 아이디어가
떠오를 거라고 믿으면 정말로 그렇게 된다.

멈추지 않는
독한 실행력이 답이다

다른 연구자였다면 이러한 아이디어를 떠올리지 못했을지도 모른다. 설령 아이디어가 떠올랐다 하더라도 실행하지 못했을 것이다. 실험 장치를 숙지하지 않고서는 결코 나올 수 없는 아이디어였기 때문이다. 문헌과 논문만 뒤지고 실험 장치를 업자에게 부탁해서 개조하는 연구자라면 더더욱 다른 방법을 생각하고 있었을 것이다. 자신이 직접 장치를 개조해 보지 않고서는 경험에서 비롯된 아이디어를 결코 흉내조차 낼 수 없다.

몇 번이나 말했지만 운 좋게도 나는 실험 장치에 관해서는 하나부터 열까지 숙지하고 있었다. 커다란 장비의 밑바닥으로 기어 들어가 땀범벅이 되고 상처투성이가 되어 가면서 실험을 거듭했다. 그런 까닭에 사소한 약점까지도 놓치지 않고 알고 있었으며 항상 그 약점을 보충하기 위해 노력했다. 예를 들면 반응로도 그랬다. 고심 끝에 직접 만든 가열 히터를 사용하여 재료에도 적절한 선택을 했던 것이다.

질화갈륨의 결정을 만들려면 장치 속의 사파이어 기판을 섭씨 1,000도로 올리고 사파이어 기판의 표면에 갈륨과 암모니아 가스를 옆에서 흐르게 해야 하는데, 암모니아 가스는 부식성이 강하기 때문에 가열하는 히터가 금세 부러져 박막을 만들 수가 없었다.

우선 히터가 암모니아 가스로 인해 부러지지 않는 구조를 고안해

내야 했다. 의지가 되는 것은 직감뿐으로, 반응 가스가 사파이어 기판 위에 잘 달라붙도록 반응관의 형상을 거듭 개조했다. 이때 10년 동안 고생하며 익힌 석영관 가공 경험이 지혜를 빌려주었다. 만일 도면을 그려 외부에 개조를 의뢰했다면 개조하는 데만 몇 개월은 족히 걸렸을 것이다. 하지만 나는 직접 시행착오를 반복한 끝에 가스의 흐름과 히터의 조화로운 배치 관계를 파악했던 것이다.

또한 내 연구가 큰 난관을 돌파하는 계기가 된, 열대류에 의한 질화갈륨의 증발을 억누르는 가스의 유동 방식도 그렇게 깨우쳤다. 지금까지 다른 연구자들은 기판면의 수직선에 대해 약 45도 정도의 기울기에서 반응 가스를 흐르게 하는 방법을 사용했다. 한쪽에서만 가스를 흐르게 했던 것이다. 하지만 나는 기판 면에 거의 평행으로 흐르는 가스와 더불어 열대류를 위에서 꽉 누르는 듯이 가스를 흐르게 하는 방법을 생각해 냈고, 그 아이디어대로 장치를 개조했다. 그리고 이 장치를 '투 플로우 유기금속화학증착장치'Two Flow MOCVD라고 이름 붙이고 실험해 보았다.

이 투 플로우 장치도 가스의 유량과 유속, 온도 등 조건을 최적화하는 데 한 달 정도 시간이 필요했다. 대기업이라면 이때도 가스 유체의 유동해석을 통해 방향성을 검토하겠지만 내게는 어디까지나 직감과 집중력 그리고 실험이 전부였다.

이렇게 애쓴 끝에 나는 드디어 질화갈륨을 결정시키는 데 성공했다.

마침내 불가능의
벽을 깨다

사파이어 기판 위에 깨끗한 질화갈륨의 결정격자가 만들어졌는지 아닌지는 결정 표면을 달리는 전자의 속도로 계산한다. 결정이 완전할수록 전자의 속도가 빨라진다. 하지만 결함이 있으면 에너지가 열로 전환되어 결정이 깨진다. LED의 수명이 그만큼 짧아지므로 이대로는 의미가 없다.

LED가 백열전구의 대체품으로 기대를 받고 있으므로 어떻게 해서든 수명을 늘려야 한다. 다시 말해 전자의 속도가 빨라져야 한다. 결정 표면을 달리는 전자의 속도는 '홀 이동도'Hall Mobility로 표시되는데 지금까지 세계 최고 수치는 300이었다.

1991년 8월의 어느 날 오전 11시경, 나는 여느 때처럼 연구실 컴퓨터가 나타내는 실험 장치의 데이터를 응시하고 있었다. 그러다 나도 모르게 "앗!" 하고 소리를 질렀다. 데이터가 표시되는 종이에 홀 이동도 측정치가 500이라고 나타났기 때문이다.

아닌 게 아니라 처음에는 뭔가 잘못되었거니 싶었다. 세계 최고가 300인데 그 수치를 훌쩍 뛰어넘어 200이나 웃돌고 있었기 때문이다. 데이터 오류는 아니더라도 우연히 한 군데만 깨끗한 결정이 만들어졌을지도 모른다. 다시 더 깊이 생각해야 했다.

그래서 기판 위에 만들어진 결정을 손으로 쪼개어 여러 개의 파편으로 만든 뒤 몇 번이나 다시 측정했다. 그런데 어느 것이나 500 전후의 높은 수치를 보였다. 이는 무엇을 의미하는 것일까? 투 플로우 장치를 이용해 질화갈륨의 결정을 만들었더니 돌연 세계 최고의 수치가 나온 것이다. 즉, 세계 최고의 결정막 생성에 성공했다는 뜻이다.

이때야말로 지금까지의 인생에서 가장 기뻤던 순간이다. 이제껏 세계 최고라는 경험을 해본 적이 없었다. 나는 세계 최고가 되었다는 기쁨과 흥분을 억누르지 못하고 그 기세를 몰아 논문을 쓰기 시작했다. 회사에서는 여전히 논문이나 연구 발표를 금지하고 있었다. 내가 논문을 쓰고 있다는 사실이 발각되면 해고될지도 몰랐다.

하지만 해고 따위는 문제가 아니었다. "해고할 테면 해보라지!" 배짱이 생겼다. 청색 LED의 개발은 회사에 막대한 이익을 가져다줄 것이 분명하기 때문에 이번만큼은 내 생각대로 해보고 싶었다. 그도 그럴 것이 청색 LED 개발에 도전하면서 질화갈륨으로 연구한 가장 큰 목적 중 하나가 세계를 깜짝 놀라게 할 만한 논문을 쓰는 일이었기 때문이다. 바로 그 연구에 성공한 데다 세계 최고의 결과를 냈으니 가만히 있을 수 없었다. 무슨 일이 있어도 논문을 발표해 플로리다에서 겪었던 굴욕을 갚고야 말겠다고 벼르고 있었다.

나는 하루 종일 연구실에 틀어박혀 논문을 썼다. 그리고 국제적으로 높은 평가를 받고 있는 응용물리 분야의 국제학술지 《어플라이드 피직스 레터스》Applied Physics Letters로 보냈다. 이는 매우 권위 있는 학술지로, 투고된 논문을 그리 쉽게 실어 주지 않는다. 심사가 까다롭기 때문이다. 하지만 나의 논문은 바로 실렸다. 일단 학술지에 논문이 게재되면 회사의 임원진은 금세 알게 된다. 발각되었을 때를 대비해서 특허도 신청해 두었다. 물론 회사 명의로 신청했다.

그리고 1991년이 끝나갈 무렵, 나는 질화갈륨의 p형 반도체를 대량생산할 수 있는 방법도 개발해 냈다. 앞서 말한 것처럼 p형 반도체와 n형 반도체를 접속시켜 일체화한 것이 다이오드인데, 질화갈륨을 재료로 한 연구에서는 n형 반도체는 쉽게 만들 수 있어도 p형 반도체를 만드는 것이 결코 만만치 않았다. 이것도 세계의 연구자들이 질화갈륨을 경원시한 중대한 이유 중 하나였다.

하지만 p형 질화갈륨 반도체에 관해서는 이미 연구를 진척시키고 있는 연구진이 있었다. 그들은 마그네슘을 첨가하면서 질화갈륨의 결정을 증착시킨 후 '전자선을 조사照射하는 방법'Low Energy Electron Beam Irradiation을 사용하고 있었다. 하지만 이 방법은 시간이 무척 많이 걸리고 내부까지 균일한 p형을 만들 수 없었다. 나는 우선 같은 방법으로 시도해 보았다. 그리고 전자선을 조사하면 질화갈륨 결정의 표면온도가 높아진다는 사실을 관찰하고, 온도 변화 데이터를 연구했다. 그러자 표면온도가 섭씨 600도로 올라갔다. 그렇다면 시간이 많이 걸리는 전자선 조사 방법 말고 히터로 가열해도 되지 않을까 하는 생각이 들었다.

그래서 섭씨 800도 정도까지 가열해 보았더니 아직까지 그 누구도 성공하지 못했던 고품질의 p형 질화갈륨이 완성되었다. 게다가 이 방법이라면 내부까지 균일한 p형 반도체를 만들 수 있어 단시간에 대량생산도 가능하다. 이는 청색 LED의 실용화를 크게 앞당길 수 있는 획기적인 방법이었다.

이 책에서는 전문적인 설명은 생략하겠지만 이러한 일련의 개발이 고휘도 청색과 녹색 LED 그리고 자색 레이저 개발을 향한 커다란 돌파구를 마련했다는 사실만은 강조하고 싶다. 어쨌든 이때도 다른 사람의 연구 방법을 그대로 따라 하지 않고 내가 실험한 결과만을 생각했고, 나만의 노하우가 축적된 장치를 활용함으로써 독창성을 발휘할 수 있었다.

얼마 후 질화갈륨을 이용해 만든 세계 최고의 막을 겹쳐서 청색 LED의 시작품(설계 품질을 확보하고 제조 가능성을 확인하기 위해 제조 공정이 아닌 연구소나 개발실에서 시험용으로 제작한 제품—옮긴이) 제작에 성공했다. 아직 흐릿한 빛이기는 했지만 어쨌거나 빛을 내는 데까지는 겨우 도달했다. 이 모든 것은 밑바닥 시절 포기하지 않고 마치 장인과도 같이 모든 일을 수작업으로 해온 덕분이다.

내가 직접 개조한 장치로 만들어 낸 박막은 언제나 세계 최고의 반응 결과를 나타냈다. 수개월 단위로 계속해서 세계 최고, 세계 최초의 개발이 이루어졌다. 이때는 정말이지 우주 공간을 헤엄이라도 치는 듯한 기분이었다. 아무도 발을 내딛지 않은 우주를 혼자 여행하는 것만 같았다. 눈에 보이는 것, 손에 닿는 것 모두가 세상에서 처음인 느낌이었다.

이 시기에 맛본 기쁨은 이루 다 표현할 수가 없다. 인생의 절정기를 맞이한 것이 아닐까 싶을 정도로 즐거웠다.

대기업에
추월당하다

그러나 기쁨도 한순간이었다. 어느 날 나는 뉴스를 보고 큰 충격을 받았다. 미국의 대기업 제조회사가 청색에 가까운 청록색 레이저 개발에 성공했다는 뉴스였다. 사용한 재료는 역시 대기업이나 대학교에서 가장 유력하다고 여겨 온 셀렌화아연이었다. 레이저가 완성되었다는 것은 매우 획기적인 일이다. 레이저는 LED보다도 한층 어려운 기술을 필요로 하기 때문이다. 따라서 청록색 레이저를 개발했다는 것은 이미 LED도 개발했다는 뜻이다.

이 소식이 전해지자 업계에서 셀렌화아연에 거는 기대가 급격히 높아졌다. 그때까지도 셀렌화아연의 인기는 내가 사용한 질화갈륨보다 천 배쯤 높았다. 하지만 이 뉴스로 인기가 훌쩍 올라 그 차이가 십만 배로 벌어진 듯했다. 이 무렵에는 잡지나 텔레비전 등 어느 매체를 접해도, 이로써 청색 LED와 청색 레이저의 재료는 모두 셀렌화아연으로 결정되는 듯한 분위기였다. 반대로 질화갈륨은 이제 끝났다고까지 언급되었다.

내가 연구하고 있었던 청색 LED는 아직 시작품 제작 단계에 있었고 빛도 약했기 때문에 이 뉴스는 솔직히 충격이었다. 역시 안 되는 걸까 하는 생각이 들었다. 질화갈륨으로 세계 최고의 결과를 냈어도 결국 셀렌화아연에는 대적할 수 없었던 것인가 하는 분한 마음도 들었다. 하지만 지금까지 진행해 온 이상 질화갈륨으로 밀고 나가는 것 외에 달리 방법이 없었다.

마침 그 무렵 응용물리학회라는 일본 내의 큰 회의에 참석하게 되었다. 셀렌화아연으로 청록색 레이저를 개발했다는 뉴스를 접한 직후여서인지 셀렌화아연의 발표 모임은 초만원을 이루었다. 500여 명이나 들어갈 수 있는 대강당이었는데도 자리가 부족해 사람들이 복도까지 밀려날 정도였다.

반면에 내가 연구하고 있는 질화갈륨의 발표 모임은 40명 정원인 자그마한 교실에 발표자들과 의장, 참가자 두세 명이 전부였다. 그 교실의 한쪽 구석에서 나도 위축된 채 발표를 들었던 정말 쓸쓸하기 짝이 없는 모임이었다. 발표자도 몇 명밖에 없어서 일찍 끝났다.

청색 LED와 관련해서는 질화갈륨과 셀렌화아연 두 가지뿐이라 모임이 끝난 후 나는 곧바로 셀렌화아연 발표장으로 달려갔다. 사람이 꽉 차 있어서 안으로 들어가지 못하고 복도에서 발표를 듣고 있었는데, 내 앞에 있던 유명한 대학교수가 질화갈륨에 대해 이야기하는 것을 우연히 듣게 되었다.

"아직도 질화갈륨으로 연구를 하고 있는 사람이 있다던데 정말 그걸로 LED와 레이저를 만들 수 있다고 생각하는 건지. 어리석기는!"

이런 상황이었다. 하지만 나를 바보 취급했던 그 교수가 지금은 질화갈륨을 연구하고 있으니 '결과가 좋으면 다 좋다.'는 말을 새삼 실감하게 된다.

꺾이지 않는 의지로 되살린
성공의 불씨

미국의 청록색 레이저 개발 뉴스는 정말 충격이었다. 나는 논문을 발표하긴 했지만 개발 경쟁에서는 졌다고 생각했다. 그래도 내게는 질화갈륨으로 개발에 성공하는 것 외에 방법이 없었다.

그때 나의 논문이 미국에서 높이 평가되어 일리노이 대학교의 하디스 모르코슈Hadis Morkoç 교수 이름으로 초청장을 한 통 받았다. 세인트루이스에서 열리는 학회에서 강연을 해달라는 내용이었다. 작은 규모였지만 질화갈륨에 관한 최초의 국제회의였다. 100명 정도 참가했던 것 같다. 그 자리에는 셀렌화아연으로 청록색 레이저를 개발한 사람들도 초청되었는데, 나는 그들의 발표를 듣고 셀렌화아연의 레이저 성능에 치명적인 약점이 있다는 사실을 알아차렸다. 그들이 LED와 레이저를 완성한 것은 틀림없지만 수명이 지극히 짧았던 것이다. 레이저의 수명은 겨우 0.1초 정도였다.

LED의 수명도 10초 전후로 모두 초 단위였다. 게다가 이 수명은 액체질소 온도로 냉각했을 때의 수치다. 그렇다면 이 상태로는 아직 제품으로서 성공했다고 할 수 없다.

나는 아직 질화갈륨으로 성공할 가능성을 믿고 있었다. 내가 연구한 질화갈륨계 청색 LED는 확실히 아직 빛은 어두웠지만 수명은 실온에서 1,000시간 이상 지속되었기 때문이다. 나는 어느 정도 자신감이 생긴 상태로 발표 단상에 섰다. 하지만 셀렌화아연으로 성공한 레이저 팀에 뒤이어 발표한 탓에 레이저 발표만 못해 보인 것은 확실하다. 그런데 내 발표가 끝나자 놀랍게도 더 큰 박수가 터져 나왔다.

"당신이 발표한 LED가 더 뛰어나군요."

"청색 LED는 어둡긴 하지만 수명이 훨씬 더 길어요. 아마도 질화갈륨으로 성공할 겁니다."

뜻밖의 반응에 나도 놀랐다. 아무리 수명이 길어도 셀렌화아연의 빛에 비하면 훨씬 어둡다. 셀렌화아연 개발팀은 밝은 LED는 물론 레이저까지 완성시킨 상태이므로 아무리 생각해도 내가 불리하다고 생각했다. 하지만 미국에서의 반응은 상상 이상으로 좋았다. 이때 비로소 '질화갈륨은 아직 지지 않았다.'는 사실을 실감했다. 반드시 이기겠다는 자신감을 안고 일본으로 돌아왔다.

앞서 말했듯이 질화갈륨은 융점이 높고 막을 만들기가 어렵다. 하지만 뒤집어 생각해 보면 이는 열에 강해 오랜 시간을 사용해도 견딜 수 있다는 장점이 된다.

질화갈륨이 아직 유망하다고 확신한 나는 청색 LED의 휘도를 높이기 위해 개발의 초점을 '이중 이종접합Double Heterojunction 구조' 연구에 맞췄다. 이중 이종접합 구조는 캘리포니아 대학교 샌타바버라 캠퍼스의 동료이자 2000년에 노벨물리학상을 수상한 허버트 크뢰머Herbert Kroemer 박사(고속, 광전자소자를 위해 반도체 이종접합을 개발하여 2000년에 노벨물리학상을 수상함—감수자)가 발명했다. 이중 이종접합 구조란 두 종류의 반도체막을 조합한 것으로 반도체의 성능을 현저히 향상시키고 레이저의 실현으로도 이어진다. 다만 그 효과를 실현하기 위해서는 발광층으로서 질화인듐갈륨InxGa1-xN 결정막을 만들어야 했다. 그러나 당시는 아무도 질화인듐갈륨 결정막의 증착에 성공하지 못했다.

다른 곳에서 발표된 질화인듐갈륨은 원자가 규칙적으로 배열되어 있지 않은 비정질 상태Amorphous(어모퍼스)로 실온에서는 거의 빛을 내지 못했다. 하지만 실온에서 빛을 제대로 낼 수 있는 질화인듐갈륨의 증착에도 나는 투 플로우 방식의 유기금속화학증착장치를 이용하여 세계 최초로 성공했다. 실험에 전념하여 성공적인 결과를 내는 나날의 연속이었다.

논문 발표 사실이
발각되다

이중 이종접합 구조를 위한 실험으로 고심하고 있을 때 또 한 가지 성가신 일이 생겼다. 바로 회사와의 관계 변화였다. 어느새 나는 회사의 지시를 전혀 듣지 않는 반역자가 되어 있었다. 논문을 발표한 일에 관해서도 회사의 반응에 모르는 척했다. 청색 LED의 시작품 완성에 관한 논문은 미국의 잡지에 실렸는데도 일본에서 금세 반향을 일으켰다. 간사이 지역에 있는 제조회사에서 내 논문을 읽은 사람이 있었던 것이다. 그는 곧바로 오사카에 있는 니치아화학의 영업 담당자에게 문의를 해왔다.

"니치아화학에서 뭔가 굉장한 제품을 만드셨나 보네요?"

이런 상황이 벌어지자 오사카의 영업부장은 당장 내게 전화를 걸었다.

"나카무라, 자네 혹시 청색 LED에 관해 모르나? 누가 만들었는지 알려주게나."

하지만 솔직히 대답하면 일이 귀찮아진다.

"그런 일을 제가 알 리 없지요."

얼렁뚱땅 대답하고는 무시해 버렸다. 그런 일이 여러 번 반복되었다. 그러던 중 도쿠시마의 본사에까지 직접 문의가 들어간 데다 여기 저기서 연락이 빗발치는 바람에 마침내 회사에 들키게 되었다. 어느 날 아침에 출근했더니 책상 위에 '상사의 허가 없이는 논문 투고를 금한다.'는 메모가 놓여 있었다. 하지만 나는 이마저도 무시했다. 어쨌든 회사에 거대한 이익을 가져다주면 아무 소리도 못 할 것이라는 생각에 대수롭지 않게 여겼다.

밝게 빛나는 청색 LED를
얻기 위해

또 한 가지 문제가 생겼다. 청색 LED의 시작품이 완성된 것을 알고 회사에서 제품화를 서두르라고 재촉했다. 당시 어둡기는 하지만 내가 개발한 청색 LED는 이미 시중에 나와 있던 탄화규소의 청색 LED(당시 그 외의 청색 LED는 시판되고 있지 않았기에 용도는 한정되었지만 상당히 널리 사용되고 있었다)보다 출력이 두 배였다. 청색 LED 중에서는 최고 출력이었다. 따라서 회사는 지금 개발되어 있는 상태에서 당장 제품화하라고 지시를 내린 것이다. 기존 제품보다 조금이라도 밝다면 충분히 상품으로 판매할 수 있다고 생각했을 것이다.

하지만 나는 이 지시도 듣지 않았다. 나의 목표는 밝게 빛나는 청색 LED이며, 나아가 레이저 개발까지도 목표로 삼고 있었기 때문이다. 그 꿈을 이루기 위해 이중 이종접합 구조를 연구하며 실험을 반복했다. 이중 이종접합 구조가 완성되면 현재의 어두운 청색보다 백배는 더 밝아질 것이다. 이를 실현하지 못하면 아무 의미도 없었다.

회사가 원하는 대로 지금 상태에서 제품화하기는 무척 쉽다. 하지만 다른 회사, 특히 대기업에 금세 추월당하고 말 것이다. 과거 10년간의 개발 과정에서 이런 경우를 수없이 보았고 뼈저리게 느꼈기에 잘 알고 있었다. 따라서 회사가 무엇을 지시하든, 상사가 무슨 말을 하든 개의치 않고 나의 목표 지점까지, 내가 만족할 수 있는 밝은 청색을 개발할 때까지 힘껏 해보자고 마음먹었다.

회사에서 제품화를 아무리 재촉해도 나는 완전히 무시하고 실험을 반복하면서 논문 쓰기를 멈추지 않았다. 약 1년 동안이나 이러한 상태가 지속되었기 때문에 회사와는 정말로 껄끄러운 관계가 되었다. 하지만 상관없었다. 그보다도 내게는 꿈을 실현하는 일이 중요했다. 그리고 결국은 그러한 내 의지가 회사에도 큰 이익을 가져다주리라 확신했다.

상식 파괴로 이루어 낸
세계 최초의 기록들

1993년 11월, 청색 LED를 연구한 지 4년째에 드디어 나 자신도 만족할 만한 청색 LED를 제품화하는 데 성공했다. 그때까지 시장에 나와 있던 제품보다 백 배 더 밝은 신제품으로 적색 LED와 어깨를 나란히 할 정도의 휘도를 확보하고 있었다. 드디어 색의 삼원색으로서 사용하기에 충분한 청색이 완성된 것이다.

20세기 내에는 불가능하다고까지 여겨지던 꿈의 LED 개발이, 지방에 있는 작은 회사의 연구원에 의해 이루어졌다는 뉴스는 세계를 놀라게 했다.

제품화한 청색 LED의 구조로서 발광층에는 질화인듐갈륨을 이용하고, 발광층을 샌드위치 형상으로 끼우는 클래드층에는 n형 질화갈륨과 p형 알루미늄 질화갈륨을 사용한 이중 이종접합 구조로 했다.

이러한 개발에도 나의 투 플로우 유기금속화학증착장치가 위력을 발휘했다. 게다가 아연의 불순물을 첨가한 질화인듐갈륨으로는 인듐 혼합 비율을 바꾸면 발광의 파장이 530~430나노미터(나노는 10억 분의 1)까지 변화한다는 사실을 알게 되었다. 즉, 인듐의 혼합 비율을 바꿈으로써 녹, 청, 자색의 발광 범위를 자유자재로 조절할 수 있다는 뜻이다.

1993년 12월에 청색 LED의 제품화를 발표한 후, 나는 곧바로 청색 레이저의 제품화에 몰두했다. 그리고 레이저 개발에서는 발광층으로 얇은 질화인듐갈륨 박막을 다층으로 쌓아 올린, 훨씬 복잡한 다중 양자우물 구조Multi Qantum Well Structure(에사키 레오나江崎玲於奈 박사가 발명하여 일본상을 수상. 양자우물층 및 장벽이라고 불리는 얇은 층을 번갈아 포갠 구조를 소자로 만든 것)를 시험 제작했다.

이 구조를 LED에 사용했더니 한층 고휘도의 청색과 녹색 발광을 관측할 수 있었다. 그리고 1995년에는 다중 양자우물 구조의 청색과 녹색 LED 제품화에 성공했다. 이것이 현재 시판되고 있는 LED의 구조다. 다중 양자우물 구조는 레이저에도 사용되어 1995년 12월 질화갈륨계 재료로는 세계 최초로 레이저 발진에 성공했다.

사실 처음에는 LED가 완성되었다고 해도 질화갈륨계 레이저는 다들 어려울 것이라고들 했다. 실제로 내가 개발한 질화갈륨계 청색 LED는 결함투성이였다. 결정결함 밀도가 커서 1제곱센티미터당 10^{10}개였다.

따라서 LED가 완성되기는 했어도 레이저까지는 무리라고 인식되고 있었다. 일반적으로 결정결함 밀도가 레이저의 수명에 크게 영향을 미치기 때문이다. 기존에 실용화되어 있는 적색 LED의 결정결함 밀도는 1제곱센티미터당 100개 정도였다. 청색 레이저의 재료로 가장 유력한 후보로 주목받고 있던 셀렌화아연도 100개에서 1,000개 수준까지 도달해 있었다.

이때도 나는 낙관적이었던 것 같다. 다이오드도 빛을 냈으니 레이저도 어떻게든 될 것이라고 믿었다. 그리고 그 낙관적인 사고는 매우 근사하게도 나를 펄스 구동(레이저를 동작시키기 위해 전류를 연속적으로 주입하는 것이 아니라 짧은 시간 동안 주기적으로 전류를 주입하는 방식 — 감수자) 레이저 발진으로 이끌어 주었다. 결정결함 밀도는 10^8개로 줄였지만 레이저의 막질膜質은 기본적으로는 LED의 막질과 같다. 이 또한 지금까지의 '상식'으로는 결코 생각할 수 없었던 일이다.

실제로 레이저 발진 성공을 발표했을 때 어느 대기업 전기회사의 기술자는 "상식적으로는 생각할 수 없는 소자 구조"라며 경탄의 말을 건넸다. 그리고 현재도 여러 나라의 연구자들이 '질화갈륨은 결함투성이인데도 어떻게 빛을 낼까?'에 관해 연구하고 있다.

이처럼 투 플로우 유기금속화학증착장치를 완성시키고 나서는 무엇을 해도 세계 최초가 되었으며 '상식 파괴'가 연달아 이루어졌다.

노벨상 인사들의
강연에 초대받다

청색 LED와 레이저를 개발한 이후 나는 여러 국제학회에 초대받았다. 특별 강연이나 초청 강연을 하게 된 것이다. 여전히 회사에서는 기본적으로 논문도 금지, 학회 발표도 금지하고 있었다. 하지만 초청 강연 의뢰가 상당히 많이 들어왔기 때문에 마지못해 어느 정도는 허가해 주었다. 1년에 10건도 넘게 들어오는 의뢰 중에서 겨우 몇 건 정도였다. 그래서 실질적으로는 절반 이상 거절할 수밖에 없었다.

그러던 중에 1996년 국제반도체물리학술대회에서 특별 강연 의뢰를 받았다. 나는 이 학회가 어떤 학회인지 정확히 알지 못했다. 공교롭게도 그 한 달 전에 열리는 다른 학회의 초청 강연을 이미 수락했기 때문에 이 강연까지 맡으면 두 달 연속으로 연구 발표를 하게 되는 셈이었다. 회사가 아무리 관대해졌다고는 해도 두 달 연속 강의에 나가도록 허가할 리 없다고 나름대로 생각했다. 그래서 내 판단으로 국제반도체물리학술대회에서 의뢰한 강연을 거절했다. 하지만 어찌된 일인지 꼭 와 달라고 다시 팩스로 부탁하는 것이었다. 나는 또다시 거절했다. 이러한 과정을 여러 차례 반복했고 거절해도 계속 의뢰가 들어왔다. 나는 조금 성가신 생각이 들어 그 이후로는 그냥 내버려 두었다.

그러던 어느 날 도쿄에서 열린 학회에서 만난 지인에게 국제반도체물리학술대회에 관한 이야기를 하게 되었다. 몇 번이나 거절해도 끈질기게 강연을 의뢰하고 있는 이곳이 대체 어떤 학회인지 알고 싶어서였다. 그러자 지인은 깜짝 놀란 얼굴로 이렇게 말했다.

"특별 강연 의뢰를 거절했다고? 자네 미쳤나? 그 대회의 특별 강

연은 과거 노벨상에 이름이 오르내린 사람들밖에 초대받지 못한다
네. 아직 늦지 않았을 테니 당장 가서 강연하겠다고 답장을 하게나."

나도 깜짝 놀라서 곧바로 수락 의사를 전달했다.

개발 독주, 회사에
막대한 이익을 안기다

1993년에 개발한 청색 LED에 이어
1995년에는 밝은 녹색의 LED를 발표했다. 또한 이해 후반에는 에디슨
의 백열전구를 대체할 수 있는 백색 LED도 개발했다.

그리고 같은 해에 질화갈륨계 반도체 레이저의 발진에도 세계 최
초로 성공하고, 1999년에는 자색 레이저의 실용화까지 완성시켰다
(청색 레이저를 개발하려고 생각하고 있었는데 결과적으로는 파장이 더 짧은 자
색 레이저의 개발에 성공했다). 즉, LED와 레이저에 관해서는 니치아화
학의 독주가 계속되었다. 등록한 특허 수는 128건에 이르렀고 출원
특허 수는 500여 건에 달했다.

나의 발명은 전 세계 연구자들을 자극했다. 수많은 대기업과 연
구소들이 정말로 일제히 셀렌화아연에서 질화갈륨의 연구로 돌아
섰다. 몇 년 전 그 쓸쓸하기 짝이 없었던 응용물리학회의 질화갈륨
발표 모임에서는 상상조차 할 수 없는 일이었다. 현재는 셀렌화아연

을 연구하고 있는 사람은 거의 없다. 기업들은 셀렌화아연의 연구를 중단했다.

내가 개발한 LED와 레이저의 구조는 논문에도 쓴 데다가 제품으로 출시되고 있으므로 누구나 이해할 수 있고 또한 만들 수 있다. 하지만 어느 기업, 어느 연구소에서 따라 한다고 해도 내가 만든 것처럼 우수한 LED와 레이저를 만들 수는 없다. 시장에 나와 있는 다른 회사의 제품은 내가 개발한 청색 LED의 절반 정도 밝기밖에 내지 못한다. 반복해서 말하지만 유기금속화학증착장치를 제대로 개조할 수 있는 사람이 나 말고는 아무도 없기 때문이다.

청색 LED와 레이저는 최첨단 기술로 알려져 있는데 최첨단 기술이냐 아니냐를 결정하는 관건이 바로 반응장치의 연구였다. 나는 시판되고 있는 장치를 스스로 개조하면서 연구에 사용했기 때문에 성공할 수 있었던 것이다.

내가 개발한 청색과 녹색 LED는 투르 드 프랑스Le Tour de France(매년 7월 프랑스에서 개최되는 세계 최고 권위의 일주 사이클 대회 — 옮긴이) 등 큰 스포츠 행사나 야외의 록 콘서트에서 사용되는 대형 이동 스크린에 채용되었다. 회사로서는 막대한 이익을 얻게 되었다.

그리고 전력 소비를 억제하기 위해 교통신호는 점차 LED로 교체되었다. 만일 미국에서 모든 신호등이 백열전구에서 LED로 바뀐다면 연간 220억 엔(한화로 약 2,400억 원)의 경비를 절감할 수 있다. 백열전구를 이용한 신호등 한 대당 전력 소모는 연간 1,800엔(약 2만 원) 정도인데 LED를 이용하면 겨우 200엔(약 2,000원) 정도밖에 소비되지 않기 때문이다.

지금은 LED 자체의 단가가 높기 때문에 실제로 신호등 교체 작업은 별로 진행되고 있지 않다. 하지만 가까운 미래에는 모든 신호등이 LED로 빛을 낼 것이다. 게다가 미국뿐만 아니라 전 세계에 널리 보급될 것이다. 실제로 1999년 6월 싱가포르 정부는 자국 내에 있는 5만 9,000대의 교통신호를 모두 삼색 LED로 교체하겠다고 발표했다.

청색 빛, 그 무한한
가능성

LED의 수요가 더욱 클 것으로 예측되는 분야는 바로 자동차 시장이다. 이미 유럽에서는 자동차 뒷부분에 부착되어 있는 브레이크 램프에 고휘도의 적색 LED를 이용하고 있는 자동차가 전체의 60퍼센트에 달한다고 한다. 또한 볼보나 폭스바겐은 백색 LED를 차 안의 실내등으로 채택하기 시작했다.

미국의 군 관계기관에서도 비행기의 실내등과 계기판 불빛에 백색 LED를 사용하고 있다. 예전에 비행기 조종실 안의 계기판이 폭발해서 비행기가 추락한 일이 있었기 때문이다. 미국에서는 전압 탓인지 전구가 자주 파열된다고 한다. 일본에서도 초등학교에서 형광등이 파열되어 학생들이 다치는 바람에 문제가 된 적이 있다. 진공관에 유리를 사용하고 있기 때문에 그러한 사고가 생기기도 한다. 하지만 LED에는 유리가 사용되지 않으므로 파열될 위험이 없다.

또한 청색 LED는 휴대전화의 백라이트 광원으로도 이용되며, 텔레비전에 이르러서는 혁신적인 변화를 가져올 것이다. 현재의 컬러 텔레비전은 적, 녹, 청의 삼원색으로 이루어진 전자빔을 브라운관이라는 형광체에 조사하여 다채로운 색상을 만들어 낸다.

LED는 전류를 흐르게 하면 빛을 낸다. 따라서 효율성이 높고 수명이 오래갈뿐더러 가격도 낮출 수 있다. 더군다나 아름다운 대형 화면이 가능해지고 놀랄 만큼 얇은 제품도 만들 수 있다. 실용화되면 그 시장 규모는 헤아릴 수 없을 정도로 커질 것이다. 조명 분야의 시장 규모만 해도 10조 엔에서 20조 엔, 혹은 그 이상까지 예상된다.

DVD에 정보를 기록하거나 읽어 낼 때 이른바 레코드판의 '바늘'과 같은 역할을 하는 반도체 레이저는 DVD 등의 기록모체에 비약적인 발전을 가져올 것으로 기대된다.

내가 개발한 자색 레이저는 기존의 어떤 레이저보다 파장이 짧다(1995년 개발 시점에서 자색 레이저는 이미 세계에서 가장 파장이 짧은 레이저라는 사실이 확인되었고, 그 후 이어진 개발로 상온에서 1만 시간에 걸쳐 계속해서 레이저 광을 발진할 수 있는 수준까지 검증되었다). 그래서 **단위면적당**

기억용량을 비약적으로 향상시킬 수 있다.

DVD는 '디지털 다목적 디스크'Digital Versatile Disk의 약자로 고밀도 대용량 CD를 말한다. 그러므로 DVD를 본격적으로 실용화하기 위해서는 아무래도 대용량 데이터의 기록이나 판독에 필요한 청색과 자색의 자외 영역 단파장 레이저광을 개발해야 했다. 쉽게 말해서 지금까지 영화 한 편 분량밖에 넣을 수 없었던 DVD 디스크에 10편의 영화를 족히 저장할 수 있게 된다는 뜻이다. 지금까지는 두 장의 디스크가 필요했던 장편 영화《대부》를 이제는 한 장에 다 넣을 수 있으며, 9곡의 베토벤 교향곡을 CD 두 장에 전부 넣을 수 있다.

더욱이 청색 레이저를 사용함으로써 컴퓨터의 성능이 향상되면 놀랄 만한 결과가 나올 것으로 예측된다. 바로 전략 병기의 응용이다. 현재 미사일 제어에 사용되는 컴퓨터 데이터의 기록에 DVD가 사용되고 있다. 컴퓨터의 성능이 전쟁의 승패를 가른다고 한다면 DVD의 기록과 판독에 청색 단파장 레이저를 사용한 컴퓨터가 압도적으로 유리하다. 같은 크기의 DVD 원반에 약 10배 용량의 데이터를 기록할 수 있기 때문이다.

가장 큰 차이점은 속도다. 청색 레이저를 사용한 DVD는 기존의 DVD에 비해 판독 속도가 10배나 빠르다. 다시 말해 미사일 발사 속도도 10배 빠르게 할 수 있다는 의미다. 이란-이라크 전쟁(1980~1988년에 이란과 이라크 사이의 국경을 둘러싸고 일어난 전쟁—옮긴이)에서 사용된 레이저 유도미사일에도 결정적인 차이가 날 것으로 예측된다.

또한 잠수함의 통신에도 사용될 것이다. 바다가 푸른빛이기 때문에 잠수함에서의 통신은 청색이 아니면 불가능했다. 청색 레이저는 지금까지 불가능했던 잠수함에서의 통신을 가능하게 한다. 마찬가지로 푸른빛인 우주 공간에서의 위성 간 통신에도 청색 레이저가 사용될 것이다. 이렇듯 단파장 레이저는 바닷속부터 우주까지 거의 무한대의 영역을 아우르는 것으로 알려져 있다. 가까운 미래에 실현될 고속통신 시대에 단파장 레이저의 역할은 무궁무진할 것이다.

신호등이나 거리의 대형 디스플레이같이 주변에서 볼 수 있는 것에서부터 유도미사일 및 해저와 우주 공간에서의 통신 같은 원대한 영역에까지 광범위하게 사용될 수 있는 청색 LED와 자색 반도체 레이저를 도쿠시마 현 시골 구석의 샐러리맨 연구원이, 그것도 혼자서 개발해 낸 것이다. 어쩌면 그처럼 척박한 환경이 오히려 행운이었을지도 모른다. 환경의 열악함에서 비롯된 헝그리 정신이 끊임없이 나를 채찍질했다. 헝그리 정신은 스포츠 세계에서 성공한 사람들에게 자주 쓰이는 말이지만, 그와는 별로 관계없어 보이는 상품 개발의 세계에서도 환경을 극복하고 도전을 계속할 의욕을 불러일으키는 역할을 한다. 사실 무모해 보이는 일에 도전하려면 이런 정신이 없이는 어렵다.

실패 속에서 얻은
강인한 정신력

일류 대학을 졸업하고 일류 회사에 취직해 주위 사람들에게 인정받고 연구비도 충분히 지원받아 연구한다고 해서 꼭 세계 최고의 결과를 낼 수 있는 것은 아니다. 성공만 경험해 왔다면 1퍼센트의 성공 가능성에 도전하려는 강인한 정신력을 기를 수 없다. 불리한 여건을 절호의 기회로 전환하려면 실패를 두려워하지 않는 강인한 정신력이 있어야 한다.

이러한 과감한 도전은 어떻게 보면 구제 불능의 고집불통으로 비쳐질지도 모른다. 혹은 세상 물정에 어둡고 상식도 모르는 무모한 행위라고 비웃음을 살지도 모른다. 하지만 1퍼센트라도 가능성이 있는 일에 온정신을 쏟아부어 도전할 수 있는 용기가 없다면 세계적인 연구를 할 수 없을뿐더러 전 세계가 깜짝 놀랄 만한 성과는 어림도 없다. 상식의 범위 안에서 아무리 생각해 봤자 그것은 어디까지나 상식일 뿐이기 때문이다.

상식을 넘어선 곳에 큰 기회가 있다면 설령 가능성이 희박하다고 주위에서 부정적으로 보더라도 일단은 도전해 볼 일이다. 사람들은 항상 상식적이며 상식의 연장선에서 아무리 더듬어 찾아보았자 결국 상식에서 벗어나지 못하기 때문이다. 상식 안에서는 멋진 기회도, 큰 비즈니스도 없다.

내가 제품을 개발할 수 있었던 절호의 기회도 비상식 속에 있었다. 그야말로 비상식에 승부를 걸었기에 청색 LED와 자색 레이저를 완성할 수 있었다.

이 성공을 계기로 나는 다양한 국제학회에 초청을 받았다. 또한 연달아 세계적인 성과를 냈다. 일본은 물론 해외 전문가들을 놀라게 할 정도의 연구 성과를 연이어 발표했던 것이다. 내게는 놀랄 정도의 일은 아니었다. 청색 LED를 개발한 시점에서 이미 나는 세계 최고가 되어 있었기 때문이다. 이후로는 그 성과를 응용해 나갈 뿐이었다.

1996년 나는 물리학 분야의 우수한 연구에 수여되는 '니시나기념상'仁科記念賞(원자물리학자인 고故 니시나 요시오仁科芳雄 박사의 공적을 기려 제정된 상—옮긴이)을, 1997년에는 공학 분야에서의 성과에 수여되는 '오코치기념상'大河內記念賞(물리학자인 고故 오코치 마사토시大河內正敏 박사의 공적을 기려 제정된 상—옮긴이)을 수상했다. 무시당하던 두메산골 촌놈이 드디어 일본에서 인정받은 순간이었다. 그리고 1998년에는 세계 최대의 전자공학 연구학회인 국제전기전자기술자협회IEEE가 수여하는 '잭 A. 모턴Jack A. Morton상'을 메이조名城 대학교의 아카사키 이사무赤﨑勇 교수와 함께 수상했다.

PART 6

중역의 70퍼센트가 찬성하는 안건은
이미 때늦은 것이고
70퍼센트가 반대하는 안건은
가까스로 앞서 나갈 수 있다.
_마쓰시타 고노스케(松下幸之助, 마쓰시타전기 창업자)

스스로 믿는 자가 결국
모든 것을 얻는다

미지의 분야를 연구하고 개발하는 일은
연구자들의 꿈이다. 하지만 그 연구를
정말 해내느냐 못하느냐는 운이 아닐까 싶다.
특히 기업의 연구원은
우선 회사의 이익과 연결시키지 않고서는
연구가 불가능하다.
모처럼 좋은 연구 주제를 발견해도
그 연구가 기업 내에서 가능할지를 생각해 보면
그리 녹록하지는 않다.
연구 개발에는 자금이 필요하기 때문이다.

무언의 신뢰가
긍정의 결과를 낳다

　　　　　　　　기업은 제품화해서 팔릴 가능성이 있는 연구에만 돈을 투자한다. 당연한 일이다. 또한 가능성이 있는 연구 주제라고 해도 빠른 시일 내에 결과가 나와야 한다. 특히 중소기업에서는 연구 개발에만 자금을 투입할 정도로 여유가 없기 때문에 서둘러 결과를 얻고 싶어 한다. 그래서 청색 LED 개발처럼 꿈같은 연구 계획에는 응해 주지 않는 것이 보통이다.

　이 점에서 나는 운이 좋았다. 당시 사장이었던 오가와 노부오 회장이 나의 연구 개발을 이해해 주었기 때문이다. 눈앞의 결과만을 추구하지 않는 낙천적인 인물이었다. 그는 회사의 규모로서는 상당히 큰 금액을 연구 개발비로 선뜻 지원해 주었다.

　하지만 1990년 무렵에 청색 LED의 질화갈륨 연구를 그만두고 갈륨비소를 이용한 고전자이동도 트랜지스터High Electron Mobility Transistor, HEMT(높은 전자이동도를 특징으로 하는 고속 동작에 적합한 트랜지스터. 슈퍼 컴퓨터의 고속 논리 소자나 기억 장치에 사용된다—감수자)를 연구하라는 회사의 명령이 떨어졌다. 예전 같았으면 "네, 알겠습니다." 하고 순순히 지시에 따랐겠지만 이번에는 달랐다. 회사의 규칙과 명령은 모두 한 귀로 흘리겠다고 마음먹고 있었기에 완전히 무시해 버렸다. 내가 하고 싶은 대로 연구하겠다는 결심을 따른 것이다.

내 책상 위에는 언제나 '당장 질화갈륨 연구를 그만두고 갈륨비소를 이용한 헴트HEMT를 연구하시오.'라고 쓰인 명령서가 놓여 있었다. 나는 매번 명령서를 그 자리에서 찢어 휴지통에 집어 던졌다.

회사가 갈륨비소의 헴트를 연구하길 원하는 이유는 이랬다. 당시 한 반도체 대기업의 임원이 회사 견학을 와서 내가 유기금속화학증착장치를 연구하고 있는 모습을 보고는 "밑도 끝도 없는 연구를 하느니 갈륨비소 헴트를 연구하시지요. 헴트는 앞으로 용도가 늘어날 것입니다."라며 권유했던 것이다.

당시는 제대로 된 질화갈륨이 완성되지 못했던 시기로 거의 밑바닥에서 허우적거리는 상황이었다. 개발 주제에 대한 회사의 선택 기준은 과거 10년 동안은 물론 당시에도 전혀 바뀌지 않았다. 이러한 선택 방법이 잘못되었다는 것을 나는 너무나도 잘 알고 있었기에 회사의 명령을 무시할 수밖에 없었다.

다만 내가 이렇게 회사의 명령을 한 달 정도 무시해도 오가와 회장은 약간 언짢아 할 뿐 나중에는 그냥 내버려 두었다. 이쯤 되면 낙천적이어서 그렇다고 하기보다는 도대체 무슨 생각인지 알 수 없어서 그냥 방치해 두는 느낌이었다.

오가와 회장의 낙천주의는 회사의 긴 여름휴가에서도 알 수 있다. 20여 년 전부터 니치아화학의 여름휴가는 7월 말부터 8월 중순까지 약 20일간이었다. 일본의 기업 중에서 이렇게 긴 휴가를 주는 회사는 지금도 별로 없을 것이다. 오가와 회장은 이전에 휴가에 대해 질문을 받았을 때 "20일간의 휴가는 미국이나 유럽에 비하면 전혀 드문 일이 아니다."라고 대답했다고 한다. 일본 내 관행을 기준으로 회사를 운영하지 않겠다는 사고가 그러한 낙천적인 방침으로 이어졌던 것 같다.

그래서였을까, 내가 말도 안 되는 청색 LED를 개발하겠노라고 지원을 부탁했을 때도 이러니저러니 한마디 없이 "해보게나!" 하고 흔쾌히 허락해 주었다. 게다가 질화갈륨을 재료로 사용하겠다는 무모한 선택을 할 때도 일절 참견하지 않고 연구 개발에 관해서는 내가 하고 싶은 대로 하게 해주었다.

앞서 말한 대로 한때는 청색 LED의 질화갈륨 연구를 중단하라는 명령이 떨어진 적도 있지만 당시 회장은 이런 세세한 일까지 직접 간섭하지는 않았을 것이다. 다만 회사의 상부에서 결정한 일일지도 모른다. 나중에 오가와 회장은 청색 LED 개발을 흔쾌히 승낙했을 때의 일을 회상하면서 "나는 '기회를 잡으면 반드시 기대한 결과가 돌아온다'는 내 신조에 따랐을 뿐이다."라고 말했다. 하지만 나는 그 전폭적인 지원이 무척 감사할 따름이었다.

나는 샐러리맨 연구원으로 회사의 경영에 관해서는 무지하지만 연구 개발과 관련된 입장에서 볼 때 회사의 최고경영자가 오가와 회장과 같은 사고의 소유자라면 누구나 일하기 편할 것이라고 생각한다. 쓸데없는 압박이 없는 만큼 개발에 전념할 수 있고 그것이 생각지 못한 좋은 결과를 낳는다. 사람은 자신이 신뢰받고 있다는 느낌을 받으면 온몸을 바쳐 전력투구하기 마련이다.

내게 있어 행운은 기회를 내준 회장이 있었고 기회를 살려 반드시 제품 개발에 성공할 것이라고 끝까지 믿어 주었다는 것이다.

"나카무라는 큰소리를 뻥뻥치긴 하지만 제품은 제대로 만든다." 며 묵묵히 지켜봐 주었던 회장의 신뢰가 청색 LED의 성공으로 이어진 것이라고 나는 지금도 생각한다. 역시 최고 자리에 있는 사람의 안목이란 이런 것이구나 싶다. 더욱이 허풍쟁이에게 막대한 예산을 내주고도 태연할 수 있는 담력에 지금도 감사할 뿐이다. 안목과 담력을 지닌 사람이 기업의 경영자로서 성공하는 것이다.

실제로 이 남다른 안목을 지닌 경영자의 회사는 종업원이 200명도 채 되지 않는 회사에서 1,800명이 넘는 회사로 성장했다. 매출도

480억 엔에 이르렀으며 지금도 기하급수적으로 늘고 있다(2014년 8월 기준 니치아화학 그룹의 직원 수는 8,300명이며, 2013년 12월 31일 기준 매출액은 약 3,100억 엔에 이른다―옮긴이).

게다가 100억 엔이 넘는 거금을 들여 본사에 6층 건물로 LED 생산 공장을 건설하고 비슷한 규모의 레이저 생산 공장도 짓는다고 한다. 그 모든 것이 '세계 제일의 상품을 만들자'는 낙천적인 슬로건을 내걸고, 정말로 낙천적으로 실행하고자 한 회장의 경영 마인드가 이루어 낸 업적이다. 그리고 이렇게 말하는 나 역시 아무런 의문도 갖지 않고 "할 수 있습니다!"라고 대답한 낙천가였다.

본질을 관통하는
직감에 대한 믿음

내가 어떤 상황에서도 "할 수 있다."고 대답할 수 있었던 데는 이유가 있다. 성공하고자 하는 신념이 다른 사람보다 강했고 내 신념대로 철저하게 실행에 옮겼기 때문이다. 그중 한 가지가 나 자신의 직감을 중요하게 여긴 일이다.

요즘처럼 컴퓨터가 발달한 시대에는 데이터나 지식의 축적 면에서 인간은 컴퓨터를 이길 수가 없다. 그 사실을 알면서도 여전히 데이터나 문헌을 찾아 눈을 반짝이는 모습은 이상하다. 그렇게 막대한 데이터와 지식이 축적되어 있는 컴퓨터가 대체 무엇을 개발해 주었는가? 컴퓨터가 독창적인 제품을 만들어 주었는가?

그렇다고 해서 컴퓨터 자체를 부정하는 것은 아니다. 다만 독창적인 아이디어가 필요한데도 컴퓨터와 똑같은 일만 하려는 사람이 많다는 사실을 말하고 싶을 뿐이다. 즉, 다른 사람의 데이터를 수집하거나 자료와 논문을 분석하는 방식을 지적하는 것이다.

에디슨은 컴퓨터가 없는 시대에 획기적인 발명을 하고 수많은 제품 개발에 성공했다. 이 사실을 잊지 말아야 한다. 자료를 모으고 데이터를 수집하는 컴퓨터 차원의 일을 먼저 해야 성공으로 이어진다고 믿는 사람은 컴퓨터라는 독단적인 신념, 즉 도그마^{dogma}에 빠져 있는 것이다. 에디슨은 그러한 도그마에 빠지지 않았기에 놀라운 독창성을 발휘할 수 있었다.

내가 회사 책상 위에 참고 문헌을 한 권도 놓아 두지 않았던 것도 도그마에 빠지고 싶지 않았기 때문이다. 나는 이것이 독창성을 이끌어 낼 수 있는 방법이라고 믿었다.

독창적인 발상을 이끌어 내는 방법은 그 밖에도 여러 가지 있을 것이다. 사람마다 방식이 다르기 마련이다. 타인의 방식이 아닌 자신만의 방식대로 도전하라. 자신의 독자적인 방식을 관철하는 데 겁먹을 필요는 없다. 남들이 뭐라고 하든 당당하게 밀고 나가면 된다.

나는 내 직관에 대해서는 완고할 정도로 고집스러웠다. 청색 LED

를 개발하겠다는 내 야심찬 목표는 다른 사람이 볼 때 정말로 불가능한 일이었다. 회사의 상사도 동료도 내가 청색 LED 개발에 적극적으로 나서겠다고 선언했을 때 모두 놀라움을 금치 못했다. 더욱이 재료로 질화갈륨을 선택했을 때는 속된 표현으로 "바보 아냐?"라고 비웃을 정도였다. 하지만 나로서는 오랫동안 진지하게 생각한 끝에 '나에게는 이 길밖에 없다.'는 직감이 작용했던 것이다. 그리고 나의 직감을 믿었다.

일본에서는 감이나 직관에 의지하는 것을 왠지 꺼리는 경향이 있다. 반대로 이론을 줄줄 읊거나 논리에 맞게 생각하는 사람을 보면 굉장하다고 생각하는 경우가 많다. 아닌 게 아니라 상대가 이치에 맞게 설명하면 그보다 나은 이론이 없는 한 수긍할 수밖에 없으며 이 사람은 이론가다 또는 머리가 좋다고 인식하게 된다. 그런 의미에서 이론은 분명 대단한 것이다. 특히 새로운 이론을 만들어 내는 사람이 뛰어나다는 사실은 인정한다.

그렇다고 해서 감이나 직관을 이론보다 한 수 아래로 평가할 수는 없다. 감에 의지했다고 해서 잘못된 판단이라고 섣불리 결정을 내려서도 안 된다.

아이작 뉴턴Isaac Newton, 1642~1727이 나무에서 사과가 떨어지는 것을 보고 만유인력의 법칙을 발견했다는 이야기는 유명하다. 만약 이것이 사실이라면 사과가 떨어지는 것을 본 순간에 뉴턴의 머릿속에는 만유인력의 법칙 이론 전체가 보였어야 한다. 하지만 실제로는 전혀 달랐을 것이다. 뉴턴은 사과가 떨어지는 것을 보고 무언가 번뜩 떠올랐다. 무언가를 '직감'한 것이다. 그래서 생각을 거듭한 결과 만유인력의 법칙이 탄생했다.

사과가 나무에서 떨어지는 장면은 누구나 본 적이 있을 것이다. 하지만 모두 "앗! 사과가 떨어졌네." 하고는 그만이다. 뉴턴 한 사람만이 사과의 낙하를 보고 무언가 번뜩 떠올랐다. 즉, 만유인력의 법칙을 깨닫게 된 계기는 단순한 번뜩임, 바로 무언가를 직관하는 힘에 있었다. 만일 직관력이 없었다면 새로운 이론도, 새로운 현상도 파악하지 못했을 것이다.

이는 과학의 분야에만 한정되지 않는다. 아마도 인간이 관여하는 모든 분야에 해당될 것이다. 일본에 있을 때 가끔 본 텔레비전 드라마 《오니헤이한카초》鬼平犯科帳(에도시대 협객 수사물로 동명 소설을 드라마화 함—옮긴이)에서 원작자인 이케나미 쇼타로池波正太郎, 1923~1990(시대소설, 역사소설 작가—옮긴이)는 주인공인 오니헤이가 자주 직감을 발휘하는 모습을 그렸다. 직감을 소홀히 하지 않고 오히려 중요하게 여겼던 것이다. 오감으로는 느낄 수 없는 직감을 믿고 오니헤이가 활동하던 모습은 지금 생각해도 참으로 대단하다.

사전을 찾아보면 직감은 육감六感이나 감勘, 영감靈感같이 논리적으로는 설명하기 어렵지만 만사의 본질을 날카롭게 파악하는 마음의 작용이라고 정의되어 있다. 본래부터 하찮게 봐도 좋을 용어가 아닌 것이다.

장인의 감으로
승부하라

이러한 '감'에는 두 가지 종류가 있다. 한 가지는 뉴턴이나 아인슈타인의 경우와 같이 번뜩이는 영감이다. 그들이 천재적인 발상을 할 수 있었던 것은 이 번뜩이는 영감이 있었기 때문이다. 이는 천재들만이 갖고 있는, 이른바 '천재적인 감'이다. 그들이 별도로 자신의 감을 보증할 필요는 없다. 자신의 재능만 믿고 있으면 된다. 그렇기에 천재인 것이다.

이에 대비되는 다른 한 가지로 '장인적인 감'이 있다. 칠기를 굽는 경우를 생각해 보자. 칠기는 옻을 정성들여 칠해서 만든다. 밥그릇이라면 밥그릇 모양의 나무틀에 옻으로 밑칠을 해서 건조시킨 뒤 다시 밑칠을 하는 과정을 몇 번이나 되풀이한다. 이게 끝이 아니다. 밑칠이 끝나면 그 위에 덧칠을 또 몇 차례 거듭하고, 마지막으로 그림을 그려 넣어 완성한다.

어느 공정이든 끈기 있는 장인 기술이 필요하다. 나무틀을 텀벙 옻 속에 담갔다가 꺼내 말리만 하면 되는 간단한 작업이 아니다. 머리

카락보다도 가느다란 솔로 하나씩 하나씩 정성 들여 칠해야 한다. 어쩌다 가느다란 솔 한 가닥이 빠져서 그릇에 입힌 옻에 붙기라도 하면 완성된 후에 흠집처럼 갈라져 보인다.

절대 이런 일이 생겨서는 안 되며 칠한 표면이 울퉁불퉁해도 안 된다. 그릇 전체를 미끈하고 고르게 칠해야 한다. 또한 건조시킬 때의 온도와 습도도 중요하다. 지나치게 말린 탓에 애써 칠한 옻이 거칠거칠해지면 제품으로 팔 수 없다. 모든 공정에 세심하게 주의를 기울이고 꼼꼼히 작업해야 한다.

이러한 작업을 매일 반복하다 보면 특유의 감이 연마된다. 옻을 칠할 때 터치의 미묘한 변화라든지 온도와 습도를 조절하는 데서 발생하는 세밀한 차이로 말로 표현하기 어려운 섬세한 느낌이 달라진다는 것을 알게 된다. 이것이 장인으로서의 감이다. 그들은 자신의 감을 믿는다. 자신의 실력을 믿는 것이다.

나는 실험 장비를 직접 손으로 만드는 과정에서 얻게 된 나만의 감을 신뢰할 수 있었다. 다른 사람을 따라 하지 않고 어찌 보면 매우 고집스럽게 내 방식을 관철할 수 있었던 것은 어떤 일에서든 절대로 남에게 지지 않겠다는 장인 기질이 있었기 때문이다. 또한 말로는 설명하기 어렵지만 꼭 될 거라는 '감'이 있었다.

그 어떤 하찮은 일도
스스로 하라

성공으로 직결되는 나의 두 번째 좌우명은 '어떤 일이든 모두 직접 한다'는 것이다. 좌우명이라고 하기에는 너무나도 시시해 보여서 실망할지도 모르지만 의외로 실천하기가 어렵다. 특히 현대와 같이 모든 일이 세분화되어 있는 시대에는 자신이 직접 하는 경우가 현저히 줄어들었다. 아니, 줄어도 상관없게 되었다. 그래서 '자신이 하는' 부분에 대해서는 제대로 하고 있다고 믿게 된다.

LED를 개발하는 데는 다양한 부품이 필요하다. 이 부품들을 모두 갖추려고 하면 업자들이 모여든다. 업자에게 부탁하면 무엇이든 해준다. 질화갈륨 결정 작업은 물론, 가열 히터도 개량해 주고 석영도 절단해 준다. 대부분이 편리하다는 이유로 이 방법을 택한다. 또한 많은 연구자들이 이러한 비품의 제작을 하찮게 여긴다. 이런 하찮은 일쯤은 업자들에게 맡기고 자신은 개발의 중추 부분에만 매진하면 된다고 생각한다.

하지만 실제 상황은 결코 그렇지 않다. 남에게 부탁하는 것이 효율적이고 시간의 손실을 줄인 것처럼 보이지만 사실은 그 반대다. 비품을 주문해도 자신이 만드는 시간보다 몇십 배나 오래 기다려야 제품이 완성되어 손에 들어온다. 또한 제품을 받았다고 해도 마음에 들지 않는 경우가 허다하다. 다시 주문하고 수정을 요청하느라 시간을 허비한다. 그럴 바에는 처음부터 자신이 직접 만드는 편이 훨씬 낫다. 그래야 최대한 자신의 마음에 드는 장치를 제작할 수 있기 때문이다. 그만큼 시간 낭비도 줄어든다.

그리고 훨씬 더 중요한 점은 자신이 직접 만들면 여러 가지 창의력이 발휘되고 아이디어가 떠오른다는 사실이다. 그러면 자동적으로 새로운 개선 작업이 뒤따른다. 진척되고 발전하는 과정을 자신의 눈으로 보고 확인하면서 연구를 진행해 나갈 수 있다. 그런 과정을 다른 사람에게 시키거나 업자에게 위탁하면 창의력이나 아이디어가 떠오를 리 없다.

과거 10년 동안 연구 개발을 해오면서 나는 이 사실을 절실히 깨달았다. 인화갈륨이나 갈륨비소의 결정을 증착시키기 위해 수평 브리지만 방식을 채택했는데 이때 한 번 시판되는 장치를 사용한 적이 있다. 하지만 아무리 실험을 해도 제대로 된 결정이 만들어지지 않아서 장치를 개조해야만 했다.

그런데 장치의 가공을 외부 업체에 의뢰하면 보통 2~3개월이나 걸린다고 했다. 짧아야 그 정도라고 하니 자칫하다가는 반년이 걸릴지도 모른다. 가공 전문 업체는 주문을 받은 순서대로 작업하기 때문에 아무리 내가 조급해 한들 그 이상 기간을 단축하기는 어려웠다.

나는 연구에 관해서는 성격이 급해서 장치를 가공하는 데 두세 달에서 반년이나 걸리는 것은 참을 수 없다. 완성된 장치가 반드시 최고라는 보장도 없기 때문에 그때 가서 이 장치를 사용하기에 적합하지 않다면 또다시 도면을 수정해 달라고 해야 한다. 이러한 과정을 반복하고 있다가는 아무 실험도 하지 못한 채 순식간에 시간이 지나 버릴 것이다. 이런 일은 겪고 싶지 않았다.

나는 장치를 직접 개조하기 시작했다. 매일매일 아침에는 장치를 개조하고 오후에는 반응실험에 몰두하는 날들이, 과거 10년간 계속된 실험 패턴과 똑같이 반복되었다. 하지만 이렇게 한 덕분에 시간을 낭비하는 일 없이 실험할 수 있었다.

확실히 용접이든 뭐든 내 손으로 하기 때문에 전문가가 한 것보다 시원찮았을지도 모른다. 하지만 장치는 제대로 가동되었고 실험을 가능하게 해주었다. 그리고 그 덕분에 약 1년 반 만에 청색 LED를 개발할 수 있었다. 만약 그때 내가 직접 개조하지 않고 외부 업체에 맡겼더라면 가공품이 도착할 때까지 몇 개월을 헛되이 보냈을 것이다.

당시 일본의 대기업이나 대학의 연구원들은 모두 비품을 외주로 조달했다. 그들은 실험 장치의 중요성을 인식하지 못했다. 사고방식이나 이론만을 앞세우고 장치는 단지 그 이론을 뒷받침하기 위한 수단 정도로밖에 여기지 않았다. 내가 청색 LED 개발에 성공한 요인은 틀림없이 그들과 반대로 한 데 있다. 이론보다 장치를 중요하게 여긴 '상식 파괴'였던 것이다.

세상을 바꾼 놀라운 발명은
모두 손으로 만들어졌다

일본의 실정과 달리 미국에서는 이미 장치 제작의 중요성이 널리 인식되고 있었다. 청색 LED를 개발한 후 학회에 참가하는 길에 IBM 취리히 연구소와 미국의 여러 유명 연구소를 방문했을 때의 일이다. 이제까지 노벨상 수상자를 몇 명이나 배출한 큰 연구소에서 가장 먼저 안내한 곳은 장비 공장machine shop이었다. 장비 공장은 말하자면 기계 가공 센터로 실력이 뛰어난 장인이 여러 명 소속되어 연구자들이 원하는 장치를 바로 만들어 준다. 실험에 필요한 장치의 도면을 그려 건네주면 곧바로 제작해 주는 이 장비 공장을 미국 연구소들은 큰 자랑으로 여겼다.

아마도 일본의 연구소였더라면 ○○ 박사의 연구실이나 ×× 교수의 실험실로 안내하면서 유명한 교수가 있다는 사실을 가장 먼저 내세웠을 것이다. 하지만 미국에서는 달랐다. 독창적인 장비를 연구소에서 직접 만들고 있었다. 그리고 다른 연구소에는 없는 획기적인 장치로 새로운 제품을 개발하고 있다는 사실에 자부심을 드러내고 있었다.

나는 이러한 차이를 알았을 때 새삼 깨달았다.

'역시 실험 장치는 스스로 만들어야 해. 그렇지 않으면 세계를 놀라게 할 제품을 절대 개발해 낼 수 없어.'

미국에서는 새로운 장치를 연구소에서 직접 만듦으로써 새로운 제품을 발명하고 새로운 발견을 하고 있다. 앞서 언급한 파인만 박사도 이와 같은 내용을 저서에 소개한 적이 있다. 파인만 박사는 프린스턴 대학교에서 사이클로트론Cyclotron(이온가속기)을 사용한 실험으로 많은 논문이 발표되었기에 분명 굉장한 실험실과 장비를 갖추고 있을 거라고 생각했다. 하지만 그 사이클로트론이 있다는 실험실에 실제로 가 보니 밸브에서 냉각용 물이 새어 나오고 방 안에 물건이 넘쳐났으며 테이블 위에는 온갖 실험 도구들이 마구 쌓여 있어 매우 어수선한 상태였다.

이 광경을 보고 박사는 왜 프린스턴 대학교 실험실에서 많은 논문이 나왔는지 깨달았다고 한다. 이곳의 연구원들은 자신의 손으로 직접 장치를 만들어 연구하고 있기 때문에 어디에 무엇이 있고 무엇이 어떻게 작용하는지를 확실히 알고 있었다. 사이클로트론을 사용해 연구에 몰두하고 있는 연구원은 있어도 그저 단순한 기술자는 한 사람도 없을 거라고 박사는 소감을 밝힌 바 있다.

최첨단 산업 시대라고 무조건 컴퓨터에 의존한다거나 모든 비품을 외부 업체에서 조달하는 모습은 얼핏 능률적으로 보일지 모른다. 수작업이 중요하게 여겨지던 시대는 이미 옛날에 끝났다고 하면서 수작업으로는 실수가 나오기 십상이라고들 여긴다.

컴퓨터로 만든 제품과 수작업으로 만든 제품을 비교하면 정확성이나 속도 면에서 확실히 컴퓨터 쪽이 우세하다. 따라서 일단 제품이 완성되면 컴퓨터 제어로 제작 공정을 관리해도 상관없다. 사실 내가 청색 LED를 개발할 때 고안한 투 플로우 유기금속화학증착장치는 지금은 컴퓨터로 작동하고 있다. 하지만 그것은 어디까지나 나의 수 작업을 컴퓨터가 대신하고 있을 뿐, 청색 LED 개발의 창조적인 부분을 컴퓨터가 고안해 낸 것은 아니다.

청색 LED를 완성한 단계에서 투 플로우 장치의 간단한 모형도를 논문에도 소개했으며 특허도 받았다. 그렇다고 해도 내가 쓴 논문을 읽기만 해서는 똑같은 장치를 만들 수 없다. 장치의 세세한 형상이나 재질, 또는 작업의 순서와 방출 가스의 유량, 반응시간 등 종합적인 지식과 노하우가 없으면 십중팔구 실패하기 때문이다. 어디까지나 내가 개발한 순서대로 해야 한다.

최첨단 제품의 개발은 기본적으로는 그러한 것이 아닐까 한다. 완성된 제품만 보면 전혀 수작업으로 해냈다고 생각할 수 없을 만큼 체계적으로 이루어져 있다. 게다가 고도의 기기와 재료를 사용하기 때문에 쉽게 손댈 수 없는 어려운 작업과 기술이 필요할 것이라고 지레짐작한다. 또한 그 모든 과정을 지탱하는 난해한 이론이 밑받침되었을 거라고 생각한다. 하지만 사실 처음 개발할 때는 그런 전문적인 지식과 기술이 전혀 필요 없다. 오직 실험 장치를 직접 조립하고 필요에 맞게 개조해 나갈 수 있는가 하는 점이 중요할 뿐이다.

그런데 아쉽게도 많은 연구 개발자들이 아직도 그 사실을 깨닫지 못하고 있다. 그래서 구태의연한 방법으로밖에 연구하지 못한다.

상식이라는 도그마에
사로잡히지 마라

신제품 개발이라는 영광을 손에 넣기 위한 나의 세 번째 좌우명은 '발명이나 발견의 근본은 단순하다는 사실을 아는 것'이다. 하지만 대부분의 사람들은 "우선 사물의 정설이나 상식을 알아야 앞으로 나아갈 수 있다."라고들 말한다. 이러한 사고에 사로잡혀 있기 때문에 연구자들은 가장 먼저 문헌을 뒤지기 시작한다. 정설과 상식을 알기 위해서다.

분명 기초 지식은 절대적으로 필요하다. 문제는 그다음이다. 정설이나 상식에 얽매여서 그 연장선 위에서만 사물을 생각하는 사람이 많다. 이를테면 지금까지 청색 LED를 개발하는 데 있어 대부분의 연구자들이 완성 단계 가까이까지 갔다고 생각하면서도 성공하지 못한 이유는 무엇일까? 사실은 거의 완성 단계까지 갔다는 생각 자체가 오류다. 그들이 찾아낸 정설이나 상식에 얽매여 그렇게 믿고 있을 뿐이다. 그래서 과감하게 방향을 전환할 수 없었던 것이다. 만약 정설에 사로잡혀 있지 않았다면 완성에 근접했다고 오판하는 일 없이 셀렌화아연의 노선을 버리고 나보다 먼저 질화갈륨 연구에 매진했을지도 모른다.

나와 그들의 다른 점은 그들이 정설과 업계의 상식을 너무나도 잘 알고 있었기 때문에 한 가지 연구 방법에 꽂혀 있었다는 점이다. 하지만 내가 그랬듯이 정설이나 상식에서 벗어나야 앞으로 나아갈 수 있다. 특히 신제품 개발에 있어서는 정설이나 상식 따위는 아예 없다고 생각하는 편이 좋다.

무엇보다도 기존의 제품이라면 또 모르지만 아직 완성되지 않은 전혀 새로운 제품, 완성할 수 있을지 없을지도 모르는 단계의 신제품에 대해서 정설이나 상식이 있다는 것은 모순이라고밖에 생각할 수 없다. 정설이나 상식이라고 불리는 것은 도그마에 불과하다. 도그마에 이끌려서는 새로운 발명이나 발견은 불가능하다. 이는 동서고금을 통해 변하지 않는 사실이며 과거의 획기적인 발명이나 발견이 모두 이를 증명하고 있다.

발명이나 발견은 훨씬 근원적이고 단순한 요소에 의해 좌우된다. 그것이 무엇인지는 아무리 많은 자료를 읽은들, 또 아무리 문헌을 조사한들 알 수 없다. 게다가 무엇을 발명하느냐, 무엇을 발견하느냐에 따라서도 달라지므로 일률적으로 말할 수는 없다.

다만 한 가지 자신 있게 말할 수 있는 것은, 가장 중요한 부분은 '해보면 자연히 보인다'는 사실이다. 손을 쓰고 몸을 움직여서 그리고 눈과 귀를 움직이고 머리를 굴리는 동안에 보일 것이다. 일은 머릿속에서만 이루어지지 않는다. 그러므로 아무리 훌륭한 박사의 이론이나 세계적인 권위자의 말이라도 70~80퍼센트밖에 옳지 않다고 마음속에 새겨 두고, 나머지 20~30퍼센트는 틀릴지도 모른다고 생각하면서 발명이나 발견에 몰두하라. 그렇게 하면 상식이나 정설이라는 도그마에 사로잡히는 일은 없을 것이다.

절망의 밑바닥에서 보이는 희망의 빛

아무리 노력해도 희망의 빛이 보이지 않으면 사람은 누구나 실망한다. 실망해서 의욕을 잃고, 때에 따라서는 술독에 빠지기도 한다. 혹은 다른 길을 찾아서 떠날 수도 있다.

하지만 나는 달랐다. 밑바닥으로 떨어진다는 것은 내게는 다시 일어설 수 있는 좋은 기회였다. 밑바닥으로 곤두박질할수록 더 깊이 집중해서 생각할 수 있기 때문이다.

이것이 바로 내가 성공할 수 있었던 네 번째 요인이다. 실패해서 기가 꺾이면 꺾일수록 점점 더 청색 LED에 관해 깊이 생각하게 되었다. 이 최악의 상태에 빠지면 분명 좋은 아이디어가 나온다. 그렇게 확신했다.

나는 어린 시절부터 매사에 깊이 집중해서 생각하기를 좋아했다. 그것이 나의 강점 중 하나라는 것을 알고 있었다. 언제든 한 가지 일에 대해 깊이 생각하는 것은 나의 버릇이기도 했다. 만일 한 가지 사안에 관해 몇 개월이든 기다릴 테니 뭐든 해보라고 한다면 나는 반드시 가장 좋은 성적을 올릴 자신이 있다. 하지만 단기간에 해결하라고 하거나 시간제한이 있다면 아마도 그다지 실력을 발휘하지 못할 것이다. 실제로 고등학교 때 수학 시험에서는 수식을 증명하는 부분 등에서 시간이 부족할 때가 종종 있었다. 하지만 시간만 있다면 반드시 문제를 풀 수 있다고 믿었다.

여하튼 조금이라도 신경이 쓰이면 그 일을 집중해서 철저히 파고들어야 직성이 풀리는 성격이다. 그래서 보통 사람이라면 고작 한두 시간으로 끝날 일을 나는 하루 종일, 아니 다음 날도, 그다음 날도 생각에 생각을 거듭한다. 물론 좋아하기 때문에 가능한 일이지만 풀리지 않는 문제나 내가 하려고 해도 할 수 없는 일이 생기면 그 이유를 하루 종일 생각하는 것이 습관이다.

청색 LED를 개발할 때는 회사에서 집으로 돌아온 후에도 계속 생각했다. 눈은 텔레비전 화면을 보고 있어도 머리는 온통 청색 LED로 가득 차 있었다. 이 정도까지 자신을 그 세계로 깊이 몰아넣어야만 성공을 바랄 수 있다.

가장 중요한 부분은
'해보면 자연히 보인다'는 사실이다.
손을 쓰고 몸을 움직여서 그리고 눈과 귀를 움직이고
머리를 굴리는 동안에 보일 것이다.
일은 머릿속에서만 이루어지지 않는다.

있는 그대로의 사실을
직시하라

실험 결과를 중시하는 자세는 내가 연구 개발을 하는 과정에서 가장 신경 썼던 부분이다. 실제로 일어난 현상을 하나도 놓치지 않기 위함이다. 발명이나 발견에 뜻을 둔 사람에게 이 자세는 가장 중요하다. 실험 결과는 연구실 안에서만 쓸모 있는 게 아니라 제품화하는 데 꼭 필요한 자료이기 때문이다.

실험의 결과로 나타나는 현상을 똑똑히 관찰해서 편견이나 섣부른 예측 없이 데이터를 정확하게 읽어야 한다. 이 일은 쉬운 듯하지만 의외로 어려울지도 모른다. 아니, 어쩌면 가장 어려운 일이다.

연구자라면 누구나 실험에서 항상 좋은 결과를 얻으려고 한다. 즉, 마음속 어딘가에서 실험 결과에 예측을 개입시키는 경향이 있다. 그래서 이런 불필요한 마음의 움직임이 실험 결과나 현상에 반영되면 실제 현상을 객관적으로 판단하지 못하게 된다. 사실을 사실 그대로 보는 안목이 흐려질 수도 있다. 따라서 일어난 현상을 놓치지 않고 객관적으로 파악하는 일은 가장 기본적인 자세이자 물리연구실이나 기술개발실에서 매우 중요한 부분이다.

내가 청색 LED를 개발하는 과정에서 질화갈륨을 재료로 p형 반도체를 만들 때가 그랬다. 전자선으로 조사하는 과정이 잘 진행되지 않는 경우, 다른 사람들은 어떤 생각을 할까? 대부분의 사람들, 특히 물리를 전공한 사람들은 조사 그 자체에 얽매인다. 참고로 읽은 문헌에 전자선으로 조사하면 좋다고 쓰여 있기 때문이다.

그리고 다시 한 번 자료를 찾아서 조사 방법에 관한 이론이나 법칙을 알아내고자 한다. 이들은 실험보다 이론과 법칙을 중요하게 여기는 경향이 있기 때문이다. 이론이나 법칙이 현장에서의 실험보다 고상하다고 생각하는 듯하다. 게다가 이론가라고 하면 왠지 일류 대학 출신의 일류 기업 연구원이라는 이미지가 떠오르고 머리가 좋은 학자라는 인상이 들어 멋있어 보인다. 그래서인지 몰라도 이론과 법칙을 중요하게 여기는 경향이 큰 것은 여하튼 사실인 것 같다.

하지만 우리에게 필요한 것은 청색 LED를 완성시키기 위한 이론과 법칙 또는 이상이 아니라 청색 LED라고 하는 '실물'이다. 제품이라는 현실이다. 그런데도 이론만 좇는다면 이는 애초에 방향 자체가 이미 빗나가 있는 것이다.

때로는 독단이
필요하다

'실험의 결과로 얻은 데이터를 빠짐없이 살펴보고 현상만으로 판단을 내리고 현상이 나타내는 것만으로 본질을 꿰뚫어 간다.' 나는 이 방법으로 청색 LED 개발에 성공했다. 어려운 이론 따위에 기대지 않고 나의 눈과 귀에 의지하고 직감을 발휘하여 제품을 개발해 왔다.

그런 의미에서 말하자면 누구나 제품을 개발할 수 있다. 최첨단 기술이나 까다로운 이론을 알아야만 가능하다고 생각하는 사람도 있겠지만 실제로는 결코 그렇지 않다. 자신이 알기 쉬운 방법으로 사물을 이해하면 된다. 자기 나름대로의 방법으로 이해하는 것, 이는 틀림없는 자기만의 방식이다.

어려운 책에 쓰인 대로 할 필요도 없다. 기존의 방법을 따라 하지 않아도 된다. 이들은 모두 불완전하므로 어떤 방법으로 몰두하느냐가 중요하다. 그런데 사람들은, 특히 전문가들은 하나같이 입을 모아 그러한 방식으로는 아무것도 할 수 없다고 부정한다. 독단적인 방법이라고 비난한다.

하지만 독단적이라는 것은 매우 독창적이라는 뜻이기도 하다. 물론 그 방법이 완전히 틀린 것이라면 당연히 정정해야 한다. 그러나 때로는 남들이 틀렸다고 하는 것이 옳은 경우도 있다는 사실을 잊지 말아야 한다.

중요한 것은 창조적인가 아닌가 하는 점이다. 기존의 이론에 비추어 옳지 않으니 기존의 방식대로 하겠다는 생각은 무의미하다. 다른 사람들이 이미 해온 일을 확인하는 것이 뭐가 즐겁겠는가. 그렇게 해서는 절대로 새로운 제품을 만들어 낼 수 없다.

남의 방식을 무조건 따라 하는 데 사물의 본질이 있을 리 없다. 그저 모방일 뿐이다. 독자적인 방법으로 스스로 이해했을 때 비로소 본질이 보일 것이다.

1퍼센트의 가능성이라도
놓치지 말고 격려하라

나는 부하직원이 낸 아이디어를 무조건 무시하거나 부정하지 않았다. 나도 다른 사람들에게 내 생각을 무시당한 경험이 있기 때문에 도저히 가능성이 없다고 생각되는 아이디어일지언정 일단 해보도록 했다. 직접 해보고 스스로 '이건 아니구나.' 하고 수긍하면 다시 정정하거나 다음 아이디어를 내게끔 유도했다. 어떤 아이디어에도 항상 1퍼센트의 가능성은 있다는 기본자세를 잃지 않았기 때문이다.

이 방법은 젊은 부하직원들의 의욕을 불러일으켰다. 아무리 별 볼일 없어 보이는 의견이라도 그 아이디어를 짜낸 당사자로서는 엄청난 고뇌 끝에 얻은 결실이다. 머리를 쥐어짜며 생각해 낸 아이디어라면 조금이나마 가능성은 있다. 그 가능성조차 무조건 부정한다면 그들의 의욕은 꺾일 것이다. 그래서 나는 항상 "어? 이거 굉장한걸. 한번 해보지." 하고 권한다.

산토리Suntory(오사카에 본사를 두고 양주, 맥주, 청량음료를 제조, 판매하는 기업의 총칭―옮긴이)의 사지 케이조佐治敬三, 1919~1999 회장이 "해봐!" 하고 입버릇처럼 말해 성공했다고 하는데, 나도 무의식중에 같은 생각을 하고 있었던 것이다.

해보고 나서 실패하면 본인들도 수긍할 것이고, 그 실패가 좋은 경험으로 축적되어 다음번 도전에 도움이 되기 마련이다. 실제로 내가 니치아화학의 개발부장이 되고부터는 제품이 원활하게 개발되었다. 그때까지 젊은 직원들은 상사의 험담만 할 줄 알았지, 제품 개발에서는 전혀 성과를 내지 못했다. 제품 개발에 깊이 빠져들면 혼자서 침잠하고 마는 나였지만 직원들을 격려하는 측면에서는 좋은 상사였다.

학생 때부터 사람들과 잘 어울리던 장점이 영향을 미쳤는지도 모른다. 입시 공부를 해야만 했던 시절에도 배구부에 남으라는 권유를 거절하지 못했던 성격이다. 그래서 부하직원들에게도 업무에 관해서는 엄격했지만 평상시에는 친구처럼 잘 지냈다. 그들의 의견을 귀 기울여 들어주고 그 의견을 살리는 방향으로 이끌어 나갔다. 나 혼자서 독단적으로 전부 개발하지 않았다. 서로 아이디어를 주고받으며 대등한 관계로 개발해 나가는 환경을 조성했으며, 특히 나의 연구팀을 중요하게 여겼다. 물론 내 연구를 원활히 진척시키기 위해서 의도적으로 애쓴 면도 없지는 않다.

엘리트가 낙오자를
이기지 못한 이유

청색 LED를 개발하고 있을 때 회사에서 부하직원을 한 명 더 붙여 주겠다고 제안했다. 나는 필요 없다고 생각했지만 회사의 명령이니 어쩔 수 없었다. 처음부터 있던 부하직원은 지방대학 출신으로 취직 자리가 마땅치 않았기에 당시 작은 회사였던 니치아화학에 들어와 있었다.

회사로서는 이러한 스펙의 직원이 미덥지 못했던 탓일까? 유명 대학 출신으로 반도체 관련 대기업에서 이 분야의 연구를 해온 사람을 영입했다. 하지만 나는 과거의 경험에 비추어 볼 때 별로 도움이 되지 않을 거라고 확신했다. 실제로 과거 10년 동안 도중에 들어와 도움이 된 선례가 없었다. 그것은 내 연구 방식이 독특했기 때문이기도 하다. 몇 번이나 언급했지만 나는 어느 의미에서는 모두 '감'을 중심으로 실험을 진행해 왔다. 그러면 책에도 논문에도 쓰여 있지 않은 일들이 일어난다. 이럴 때 융통성 없는 논문은 소용이 없다.

이때도 그랬다. 실은 질화갈륨을 재료로 해서 p형 반도체를 만든 선례가 있었다. 그 연구 논문에는 p형 반도체를 만드는 방법이 나와 있었는데 예상한 대로 중도 입사한 유명 대학 출신의 직원은 이 논문을 재빨리 찾아내서는 열심히 읽고 논문에 쓰인 대로 똑같은 과정을 밟아 p형 반도체를 만들려고 시도했다. 하지만 아무리 해도 성공하지 못했다.

"나카무라 부장님, 실패했습니다."

보고하러 온 그에게 어떤 방법으로 시도했는지 물었다.

"논문에 쓰인 대로 했는데 안 되네요." 그러고는 끝이었다. 전혀 아무렇지도 않은 표정이었다. 자신은 논문에 나온 대로 했는데 실패했으니 마치 논문이 엉터리라는 듯한 태도였다.

그에 반해 지방대학을 나온 직원은 내가 논문을 읽을 필요가 없다고 말하면 내 말대로 읽지 않았다. 그리고 나와 적절히 대화하면서 p형 반도체를 만들어 냈다. 더구나 논문에 나와 있지 않은 방법으로 완성시켰다. 나는 이미 그 제작 방법을 예상하고 있었지만 그는 대화하는 동안 나의 말 한 마디 한 마디에서 의도와 단서를 파악하고 감을 발휘하여 p형 반도체 제작 방법을 익혔던 것이다.

그 정도로 나는 논문이나 문헌에 의지하는 방법을 싫어했다. 스스로 엘리트입네 하면서 그런 방법에 의존한 사람치고 새로운 제품을 제대로 개발한 적이 없기 때문이다. 신제품을 개발하는 데 판에 박힌 기존의 사고방식은 필요 없다. 새로운 발상과 예리한 감으로 맞서 나아가는 활력이 필요하다. 그래야만 비로소 유례를 찾아볼 수 없는 독창적인 방법을 확립할 수 있다.

나는 청색 LED를 개발하는 데 있어 몇 번이나 수렁에 빠져 막다른 골목을 헤맸다. 하지만 아무리 수렁에 떨어져도 나만의 방식을 잊지 않았다. 나의 방식을 고집스러울 정도로 관철했다. 물론 시행착오도 겪었다. 하지만 시행착오를 거치면서도 연구 방식에 관한 신념은 흔들리지 않았다. 나만의 방식을 믿었던 것이다.

다른 사람들이 보기에 내 방식은 어쩌면 멀리 돌아가는 미련한 방법일지도 모른다. 하지만 나는 내 방식에 대한 신념이 있었기에 거대한 벽을 넘어서 목표를 향해 일을 진전시킬 수 있었다. 그리고 마침내 우주를 헤엄치는 듯한 기분을 맛보게 되었다. 하는 연구마다 모두 성공했다. 전부 세계 최초, 세계 최고라는 기록을 세웠다.

이러한 나의 방법을 '나카무라 매직'이라고 일컫는 사람들도 있다. 하지만 내게는 마술도 그 무엇도 아니다. 그래도 굳이 마술이라고 한다면 나는 틀림없이 장인이라는 이름의 마술을 썼을 것이다.

PART 7

자신이 쓸모 있는 인재라는 자신감만큼
그 사람에게 유익한 것은 없다.

_앤드루 카네기(Andrew Carnegie, US스틸의 모태인 카네기철강회사 설립자)

당신의 심장이
뛰는 곳에서
끝까지 하라

청색 LED를 개발한 나는
영국의 시인 바이런이 말했듯이
아침에 일어나 보니 유명해져 있었다.
수많은 학회에서 나를 초대했고
인맥도 점점 넓어졌다.
그러던 중 생각지 못한 일에 맞닥뜨렸다.
그 일은 나를 신세계로 이끄는
강렬한 계기가 되었다.

노예 나카무라로
전락하다

　　　　　　　　　　어느 날 나는 한 미국 교수로부터 이런 말을 들었다.

"이렇게 대단한 제품을 발명했으니 지금쯤 분명 억만장자가 되어 부유한 생활을 하고 계시겠지요?"

하지만 나는 여전히 중소기업의 연구원이자 평범한 샐러리맨이었다. 일본 기업에 다니는 샐러리맨 연구자의 실정을 그에게 설명했다. 대기업에서도 연구원이 제품을 개발해 봤자 기껏 임시 보너스나 특별 수당으로 100만 엔 정도 받을 뿐이다. 어지간히 선심 쓰는 회사가 아닌 한 200만 엔 이상 특별 수당을 지급하는 곳은 없다고 해도 좋을 것이다. 그래서 연봉으로 치면 제품을 개발하기 전이나 큰 차이가 없다.

내 말을 들은 그 미국 교수는 놀라며 말했다.

"그렇다면 흡사 노예나 마찬가지 아닙니까?"

그런 엄청난 발명을 했는데도 회사가 대가를 지불하지 않는다면 노예처럼 공짜로 일해 주는 것이 아니냐는 뜻이었다.

이렇게 내게는 이상한 별명이 붙고 말았다. '노예 나카무라.' 초등학생 때 이름 가운데 한 글자를 따서 '슈⁺짱'이라고 불린 적이 있기는 하지만 그 후에는 별명으로 불린 적이 없다. 하필이면 '노예'라니 전혀 상상도 하지 못한 별명이었다.

샐러리맨 연구원 VS
CEO 교수

미국, 특히 공학계 대학에서는 새로운 연구 성과가 학회에서 발표되면 곧 벤처사업 투자가에게서 연락이 온다. 그리고 금세 자금이 십수억 엔 정도 모인다. 그러면 제자를 사장으로 앉히고 자신은 고문이 된다거나 하는 방법으로 주식을 보유한다. 이렇게 세운 벤처기업이 성공하면 상장하거나 대기업에 매각한다. 어느 쪽이든 개발한 연구자는 거액을 거머쥐는 동시에 자신의 연구 성과가 세상에 나가 사람들에게 도움이 되는 기쁨을 맛본다. 다시 말해 신제품 개발은 아메리칸드림을 실현하는 최고의 방법이기도 하다.

실제로 미국의 대학교 공학부에서는 교수의 50퍼센트가 벤처기업의 사장이다. 그리고 거의 모든 교수가 기술 컨설턴트를 겸하고 있다. 혼자서 여러 회사의 컨설팅을 하는 사람도 꽤 있다. 우수한 인재에게는 사람도 돈도 모여든다.

일본에서는 국립대학교 의학부 교수가 제약회사에서 뇌물을 받았다고 체포된 일이 있다. 하지만 미국에서 이런 일은 '컨설팅'이지 뇌물이라고 비난받는 일은 없다. 오히려 기업과 파트너십을 이루어 일을 하는 교수는 '우수'하다고 존경받을 정도다.

상징적인 예를 들어 보자. 도전성 폴리마의 발견과 개발을 이룬 공적으로 20세기 마지막 노벨화학상을 공동 수상한 일본의 시라카와 히데키白川英樹 교수와 미국의 앨런 히거Alan Jay Heeger 박사가 각각 어떤 대우를 받고 있는지를 살펴보면 확연히 큰 차이를 느낄 수 있다.

시라카와 교수는 이미 정년퇴직하여 현재는 스쿠바筑波 대학교 명예교수로 있다. 그는 수상 당시 인터뷰에서 "이제는 평온한 마음으로 농사라도 지으며 살고 싶다."라고 말했다.

하지만 노벨상을 공동 수상한 히거 박사는 어땠을까? 시라카와 교수와 히거 박사는 1936년생으로 마침 나이도 같다. 히거 박사는 현재도 나와 같이 캘리포니아 대학교 샌타바버라 캠퍼스에서 교수직을 맡고 있다. 게다가 몇 년 전에 창업한 도전성 플라스틱 회사까지 소유하고 있다. 이 회사에 몇 명이 근무하고 있고 어느 정도 성공했는지

상세히 알지는 못하지만 상당한 수익을 벌어들이고 있는 것만은 확실하다. 즉, 그는 교수이면서도 회사의 경영자 역할까지 척척 해나가고 있다.

노벨상을 공동 수상했으니 시라카와 교수와 히거 박사의 능력은 대등하게 인정받았다고 할 수 있다. 하지만 일본은 정년이 되면 교수직을 그만두어야 한다. 물론 국립대학의 교수가 이익을 추구하는 일은 상상조차 할 수 없다. 그 정도로 연구자에 대한 미국과 일본의 처우는 다르다.

나는 왜 내가 '노예'라고 불렸는지를 절실히 깨달았다. 누가 보아도 청색 LED 개발은 아메리칸드림을 실현할 수 있는 큰 성과였다.

미련 없이 미국행을
선택하다

나는 세상 물정을 몰랐던 나 자신이 몹시 억울해서 이를 악물었다. 이런 상황이라면 아무리 커다란 업적을 이루어도 노예나 마찬가지다. 그렇게 생각하자 회사를 그만두어야겠다는 생각이 부글부글 끓어올랐다. 그 마음에 박차를 가하듯이 국제학회에서 알게 된 미국의 스티븐 덴바스^{Steven Denbaars} 교수가 내게 캘리포니아 대학교 교수직을 제안해 왔다. 그는 이 대학에서 나와 같은 분야의 연구를 하고 있는 학자로 내게 '노예 나카무라'라는 별명을 붙여 준 바로 그 사람이다.

캘리포니아 대학교 샌타바버라 캠퍼스는 내가 연구하고 있는 화합물반도체 분야에서 세계 최고 수준의 연구를 하고 있다. 앞에서도 말했지만 1960년대에 두 종류의 반도체막을 조합하면 반도체의 성능이 획기적으로 향상되는 이중 이종접합 구조의 아이디어로 2000년에 노벨물리학상을 받은 허버트 크뢰머 박사 또한 이곳 교수다.

이렇게 같은 연구를 하고 있는 학자들이 모여 있고 설비도 갖춰져 있는 대학교의 손짓은 내게는 꿈조차 꾸지 못하던 일이었다. 게다가 바로 옆에 바다가 있다. 어차피 옮길 거라면 어릴 때부터 동경해 마지 않던 바다 냄새가 나는 곳이 좋겠다고 생각했다.

나는 미국에서 제안이 들어온 사실을 가족들에게 알리고 의논했다. 결정적으로 미국에서 살기로 결심한 이유는 세 딸이 찬성해 주었기 때문이다.

사직서를 내기 전까지 회사에는 이런 사실을 알리지 않았다. 그리고 1999년 12월 26일 상사에게 사직서를 제출하고 "내일부터 회사에 나오지 않겠다."고 말하고는 상사의 수락 여부에 상관없이 그대로 귀가했다. 이미 그만두겠다고 마음먹었기 때문에 회사에서 이러니저러니 말을 듣고 싶지 않았다. 그러자 다음 날 "이틀 후 회사에서 연말 전체 모임이 있으니 그때 와서 인사를 하라."는 연락이 왔다. 나는 "이

곳에서 20년 동안 할 일은 다 했으니 이제 미국에서 마음껏 살아보고 싶다."라고 인사했다. 본심을 말할 수는 없었다. 사실은 "노예 나카무라로는 더 이상 살 수 없기 때문에 자유를 찾아 미국으로 갑니다."라고 말하고 싶었다.

일본에 대한 미련도 없었다. 다행히 일본의 기업이나 대학에서는 스카우트 제의가 전혀 없었다. 설령 일본의 어느 곳에서든 제의를 한다고 해도, 또 제아무리 조건이 좋다고 해도 거절할 생각이었다. 덴바스 교수는 내가 미국인 같은 성격이라고 하는데, 나 역시 그 말에 동감한다.

일본은 어느 조직에 가도 의견 일치를 중요시한다. 따라서 회의도 빈번하고 일일이 상사에게 결재를 받아야 되는 등 번거로운 절차가 많다. 나는 이러한 시스템에서 실험을 진척시키는 것이 얼마나 비능률적인지 알고 있다. 창조적이고 발전적으로 일할 수가 없다.

나는 우선 내가 하고 싶은 일을 주장하는 성향이다. 나만의 독특한 방식이 있기 때문이다. 이러한 유형의 사람들은 미국과 같은 환경에서 일하기가 더 수월할 것이다. 덴바스 교수는 나의 그러한 면모를 정확히 알아보고 내게 미국인처럼 생각한다고 말했던 것이다. 하고 싶은 일을 마음껏 주장하고 해볼 수 있는 세계, 그곳이야말로 꿈을 이룰 수 있는 곳이다.

연구자는 무엇을 위해
연구하는가

청색 LED와 자색 레이저의 주변 개발이라면 아직도 큰 가능성이 잠재돼 있을 것이다. 하지만 나는 청색 LED에 관련한 개발은 이미 세계의 정점을 찍었으며 대부분은 다 개발되었다고 생각한다.

모든 것은 지금부터다. 새로운 곳에서 새로운 길을 개척해야 한다. 불안이 없다고 하면 거짓이다. 하지만 내게는 청색 LED라는 제품을 개발했다는 실적과 자신감 그리고 누구에게도 지지 않는 기술이 있다. 이를 토대로 앞으로 나아가면 반드시 또 한 번 정점에 이를 수 있으리라고 믿는다.

나는 천재적인 영감으로 새로운 이론을 만들어 낸 것이 아니며, 그 이론에 따라 신제품을 개발한 것이 아니다. 오직 하나, 무슨 일이 있어도 끝까지 해낼 수 있다고 믿은 외고집으로 거침없이 나아갔을 뿐이다. 누구도 따라 할 수 없는 장인 정신으로 유기금속화학증착장치를 개조하여 청색 LED를 완성시켰다. 나는 이론만으로는 불가능하다는 사실을 너무나도 잘 알고 있다. 나의 강점은 바로 이 점이다. 이 강점을 살려서 제품을 만들면 된다.

그리고 미국이라는 나라는 제품화한 사람에게 투자해 주는 나라다. 이 점이 일본과 다르다. 신제품을 개발한 개인에게 명예는 물론 그에 걸맞은 대가도 돌아온다. 그러므로 자연히 연구자의 지위가 높아진다. 창조적인 아이디어로 연구 개발을 한 연구자가 높이 평가받고 그 연구자에게 투자가 이루어진다. 그렇기에 아메리칸드림이 가능하다. 아이디어 하나로 거액의 부를 거머쥘 수 있기 때문이다.

하지만 일본은 정반대다. 내 경우 회사를 위해 청색 LED와 자색 레이저를 개발하는 과정에서 관련된 기본 특허를 100건 이상 취득했다. 그 기본 특허는 다른 대기업이 같은 제품을 만드는 것을 방지하기 위한 방책이며 회사는 그 특허로 거액의 부를 얻고 있다. 이 이슈는 현재 니치아화학과 도요다합성豊田合成 사이에서 경쟁이 되고 있는 특허 재판에 관한 신문 기사를 통해서도 잘 알려져 있다.

그런데 발명자는 발명에 대한 대가로서 고작 특허 신청 시에 2만 엔 그리고 특허 성립 시에 1만 엔을 받을 뿐이다. 특허는 회사의 소유가 되며 발명자에게는 특허권이 전혀 인정되지 않는다. 더군다나 회사의 규칙과 명령을 따르지 않고 이뤄 낸 발명과 특허인 경우도 마찬가지다. 이것이 샐러리맨 연구자의 현실이다. 앞으로도 이러한 상황이 계속된다면 일본의 연구자들은 모두 미국으로 떠나고 말 것이다. 나는 묻고 싶다.

"연구자는 무엇을 위해서 연구를 하는가?"

역시나 대부분은 아메리칸드림과 같은 꿈을 안고 연구하는 것이 아닐까? 어떤 성과를 내더라도 아무것도 달라지지 않는 샐러리맨을 꿈꾸며 연구에 몰두하는 사람은 아무도 없을 것이다.

실력만으로
승부할 수 있는 나라

미국은 실력주의가 철저하게 지켜지는 나라다. 예를 들어 일본에서는 20대에 대학교수가 된다는 것은 생각할 수 없는 이야기다. 하지만 내가 알고 있는 바로는 스탠퍼드 대학교에서 26세에 물리를 가르치고 있는 교수가 있다. 정말 실력만으로 평가받는 나라다.

또한 우수한 학생은 모두 학생 시절부터 벤처로 기업을 일으킨다. 빌 게이츠도 하버드 대학교를 중퇴하고 마이크로소프트를 창업했다. 미국에서 아메리칸드림을 꿈꾸는 사람은 자신의 능력 하나만 믿고 벤처기업부터 시작한다. 이러한 점도 일본과는 무척 다르다. 일본은 대기업에 들어가는 일이 마치 인생의 목표처럼 인식되어 있다. 대기업에서 출세하여 잘하면 월급사장이 되는 것이 꿈인 젊은이가 많다는 뜻이다. 상황이 이렇기에 일본에서는 세계적인 벤처기업을 육성하기가 어려운 것이다.

미국은 정반대다. 아메리칸드림을 꿈꾸지 않는, 어떤 의미로는 별 볼 일 없는 학생들이 대기업에 취직한다. 앞으로 영원히 샐러리맨으로 만족하겠다는 한심한 젊은이들이다. 그래서 일류 대학을 나와서 대기업에 취직하는 것에 만족하는 젊은이들을 보면 답답하기 짝이 없다. 열정과 능력을 발휘하고 싶다면 스스로 벤처기업을 일으켜 보라고 조언하고 싶다.

LED의 세계에 발을 들여놓은 후 일본과 미국의 학생을 여러 명 알게 되었는데, 실제로 일본 학생들은 모두 유명 기업이나 대기업 연구소에 취직하여 선배나 상사 밑에서 평온하게 지내고 있다. 반면에 미국 학생들은 대기업에 취직하지 않는다. 10명 중 절반은 벤처기업을 만든다. 그들은 창조적으로 하고 싶은 일을 할 수 있는 방법은 벤처기업이라는 사실을 잘 알고 있다. 자신의 창조성을 살려서 남들과 다른 아이디어로 승부함으로써 거액의 부를 손에 넣을 수 있는 회사를 설립하겠다는 꿈을 가지고 있다. 그리고 실제로 그러한 꿈을 실현할 수 있는 곳이 미국 사회다.

안타깝게도 일본에서는 그러한 꿈을 이룰 수 없다. 우수한 인재는 모두 대기업으로 들어가고, 창업을 하려고 해도 사회적으로 아직 벤처 사업을 순수하게 받아들일 수 있는 풍토와 체제가 갖춰져 있지 않다. 아직도 직함이 우선시되는 사회다. 이러한 풍토가 여전히 남아 있는 한 큰 꿈을 좇는 일은 불가능에 가깝다. 제품을 개발해도 본인에게 합당한 대가와 명예가 주어지지 않는 기업 풍토가 버젓이 통용되는 사회에서는 개인의 능력으로 꿈을 실현할 수 없다.

그렇게 생각하고 나는 미국행을 결심했던 것이다. 나는 여전히 내가 새로운 제품을 개발할 수 있다고 믿고 있다. 이 자신감이 있기에 나의 창조성을 살릴 수 있는 미국으로 떠나왔다.

창조성을 죽이는 교육,
꿈을 실현시키는 교육

일본에서 원대한 꿈을 실현하기 어려운 이유 중 한 가지는 교육제도에 있다고 생각한다. 단적으로 말해서 대학 입시 제도를 없애야 한다.

인간의 두뇌가 가장 반짝반짝 빛날 때는 역시 고등학생 때부터 스무 살 전후다. 일본에서는 이 무렵에 가혹한 대학 입시가 있다. 그 때문에 가장 귀중한 시절을 무미건조하고 아무짝에도 쓸모없는 대입시험 공부를 하면서 보내야만 한다. 창조성을 기를 여유 따위는 없다.

그런데 역설적이게도 이때가 가장 훌륭한 아이디어가 떠오르는 시기다. 수많은 노벨상 학자나 위대한 발명가의 대다수는 이 스무 살 전후에 떠오른 아이디어를 실현시켰기에 성공했다. 일본의 젊은이들은 이 출발 시기부터 이미 뒤처져 있다. 이 기간을 대학 입시로 허비하는 탓에 좋은 아이디어가 떠오를 여지가 없어진 것이다. 대학에 들어가면 이미 그 시기는 지나고 만다.

많은 젊은이들이 정말 좋아하는 일을 하면서 창조적이고 발전적으로 흥미로운 아이디어를 내고 스스로 실현할 수 있도록 해야 한다. 대학 입시를 즉시 폐지하고 모두 자신이 원하는 대학과 학과에 자유롭게 진학할 수 있도록 해야 한다. 그 대신 졸업하기 어려운 체제로 바꾸면 된다. 그렇게 해야 정말 의욕 있는 학생들만 졸업하게 된다. 현재 일본의 대학 입시 체제에서는 태어나는 순간부터 대학 입시를 위한 학업 코스에 발을 들인다. 즉, 암기 공부의 세계로 돌입한다. 이러한 환경에서는 진정 의욕 있는 젊은이를 길러 낼 수 없다.

미국도 분명 40~50년 전에는 일본과 비슷한 상황이 아니었을까? 하지만 미국의 좋은 점은 비록 서서히 변화하기는 했지만 어쨌든 교육제도를 바꿔 왔다는 사실이다.

바람직하다고 판단되면 당장 바꾸는 대처 능력과 좋은 점은 주저 없이 받아들이는 프런티어 정신이 현재의 미국을 지탱하고 있는 것이다. 이 정신이 있기 때문에 누구나 창조적이고 멋진 아이디어를 내고, 잘할 수 있다고 판단되면 대학생이라도 곧바로 벤처기업을 세운다.

지금 내가 함께 연구하고 있는 대학원생 네 명에게 왜 내 연구실로 왔느냐고 물었더니 모두 "벤처기업을 만들고 싶어서"라고 대답했다. 이들 모두 미국 전체 성적 평가에서 30등 이내에 드는 우수한 학생들이다. 게다가 내가 몸담고 있는 대학의 학생이 아니라 일리노이 대학교, 스탠퍼드 대학교, 매사추세츠 공과대학교 등에서 온 학생들이다.

미국에서는 대학 주변에 벤처기업이 생긴다. 휴렛팩커드는 스탠퍼드 대학교를 중심으로 세워진 기업으로, 애초에 실리콘밸리는 스탠퍼드 대학교가 없었으면 존재하지 않았을 것이다. 이는 대학교수가 회사를 차리기 때문에 생기는 당연한 결과다.

일본에서는 생각도 할 수 없는 일이다. 일본의 대학은 어디까지나 '학술'뿐이다. 대학교수가 벤처기업을 만드는 것을 금지했을 정도다.

일본 기업은 물론 세계 다른 나라의 기업에서도 일본의 대학에는 아무 기대도 하지 않는다. 본래 일본의 기업들은 일본 대학에만 기부를 해왔다. 하지만 최근 몇 년간의 수치로 볼 때, 일본 기업이 일본 대학과 연구소에 제공한 자금은 해외 대학과 연구소에 투자한 금액의 절반밖에 되지 않는다. 일본 대학에 기부하려고 해도 절차를 밟는 데 시간이 걸려 효율성이 떨어지는 데다 기부한 만큼 성과가 나오지 않기 때문에 단념하는 것이다.

좀 더 일찍
좋아하는 일을 시작하라

젊은 연구자들이 창조적인 아이디어를 발휘하게 하려면 대학 입시 같은 무의미한 제도부터 바로잡아야 한다. 그리고 젊은이에게는 좋아하는 일을 하게 해야 한다.

젊을 때 자신이 좋아하는 일을 하는 것이 그 이후의 인생을 위해서도 가장 바람직하다는 사실은 어느 정도 나이를 먹으면 누구나 알게 된다. 10대나 20대와 같이 아직 인생의 'ㅇ' 자도 모르는 시기에는 성적에 맞춰 자신의 앞날을 정하기도 한다. 혹은 사회의 시스템이 성적에 따라 미래의 길을 선택하게끔 한다. 하지만 세월이 흘러 자신의 인생을 돌아볼 만한 나이가 되면 '어느 사이엔가 내가 좋아하는 길을 더듬어 찾아왔구나.' 하고 깨닫는 시기가 온다.

많은 경우 성적이 좋은 젊은이는 대기업으로, 성적이 좋지 않은 젊은이는 중소기업으로 들어가 사회생활을 시작한다. 이런 식으로 본인이 좋아하느냐 싫어하느냐에 관계없이 진로를 선택했지만 몇 년만 지나면 절반은 회사를 그만두고 다른 회사로 옮긴다. 혹은 가업을 잇기도 한다. 그리고 다시 또 몇 년이 지나면 신기하게도 각자 좋아하는 길로 나아가고 있다. 그리고 대개는 자신이 좋아하는 길을 걸어가는 사람이 성공한다.

그렇다면 좋아하는 일을 나이 들어서 하기보다는 젊을 때부터 해야 발전 가능성이 훨씬 클 것이다. 누가 생각해도 명백한 이치가 아닐까? 학교 성적이라든가 연봉 혹은 인간관계에 관계없이 처음부터, 아니 10대 전후의 젊은 나이 때부터 자신의 길을 찾아 나아갈 수 있는 풍토나 체제가 있으면 사람은 점점 성장해 나갈 것이다.

미국은 이러한 체제가 갖춰져 있기 때문에 대학을 중퇴하고도 벤처기업을 세워 성공할 수 있다. 창조적인 아이디어와 실력만 있으면 누구나 꿈을 실현할 수 있다. 이러한 기회가 모든 사람에게 부여되는 환경이다.

미국의 대학과 대학원에서는 특히 인터넷을 이용한 창업자가 급증하고 있는데, 관련 조사에 따르면 그들의 약 70퍼센트가 "언젠가 억만장자가 될 것"이라고 대답한다는 사실은 참으로 흥미롭다. 학생들의 이러한 경향에 주목하여 '학교 기숙사에서의 경영 활동을 허용한다.'고 방침을 전환한 대학도 눈에 띈다. 이 젊은 경영자들의 나이를 보면 대학에 갓 입학한 18, 19세로 전보다 점점 더 연령층이 낮아지고 있는 추세다.

일본에서도 이러한 활동을 추진하고 있는 대학이 일부 있기는 하지만 아직 대부분은 '학문의 중심지인 대학교에서 돈벌이라니 당치도 않다.'라는 의식을 갖고 있다. 이러한 보수적인 사고방식이 지배하는 한 일본에서 벤처기업은 성장하지 못할 것이다.

아메리칸드림의
두 얼굴

예로부터 일본의 연구자 사이에서는 돈 이야기를 경멸하는 경향이 있다. 연구자들뿐 아니라 사회 분위기 자체가 돈 얘기를 입 밖에 내기를 꺼리는 면이 있으니 어쩔 수 없는 일일지도 모른다. 하지만 '양반은 얼어 죽어도 짚불을 쬐지 않는다.'는 사고가 아직 남아 있다면 사회로서도 아쉬운 일이고 국제화에도 걸림돌이 될 것이다.

2000년 4월 이전까지만 해도 일본의 국립대학교 교수는 기업의 임원을 겸임하지 못하게 되어 있었다. 가령 대학교수가 연구 개발에 성공하여 내놓은 기술을 기업이 산다고 해도 그 교수에게는 아무 이익도 돌아가지 않는다. 어디까지나 교수는 '학술 연구'를 목적으로 해야 하며 '이익 추구'는 안 된다는 규정이다. 최근에서야 겨우 '대표이사 교수'가 나오기는 했지만 아직 일본의 대학은 미국에 비하면 한참 뒤처져 있는 것이 분명하다.

이 점에서도 미국은 확실하다. 이른바 노벨상보다도 돈을 중요하게 여기는 것이 미국의 사고방식이다. 실제로 그러한 상보다 연구비를 얼마 모았는가를 더욱 중요하게 여긴다. 군 관계기관으로부터 예산을 얻기 위해 기획서를 쓰거나 기업과 여러 가지 형태의 계약을 체결한다. 이는 학생과 마찬가지로 대학교수도 벤처기업을 만들어 창업하기 때문이다. 그래서 벤처 투자가들이 이 기업이 얼마나 성장했는가에 주목한다. 그 대신 창업한 교수들은 회사의 규모가 커지고 성공하면 큰 액수의 돈을 대학에 기부하는 것이 미국의 시스템이다.

이러한 형태로 스스로 연구비를 조달해야 연구에 임할 수 있는 것이 이른바 '미국식'이다. 그런 의미에서 대학교수도 금전 감각을 익혀야 하며 투자를 받고 돈을 벌어들이는 세계의 생리를 잘 알고 있어야 한다.

실제로 나는 미국에 오고 나서 교수라는 자리가 어떤 의미에서는 회사의 사장과 같다는 사실을 실감했다. 문부성文部省(교육과 과학, 문화 등을 관장하는 일본의 내각 기구 — 옮긴이)에서 자금을 받아 연구에 몰두하고 있으면 월급이 알아서 규칙적으로 들어온다거나 연구비의 분배가 불공평하다고 동료들에게 불만을 토로하는 일본의 안이한 세계와는 차원이 다르다. 대신 미국은 벤처기업이 성공하면 가난했던 학자가 금세 큰 부자가 되어 막대한 금액을 대학에 기부한다. 대학은 이 기부로 유지된다.

그러므로 매우 현실적이면서도 엄격하다고 할 수 있다. 변변찮고 실력 없는 학자는 항상 빈곤하며 강의에 학생들이 모여들지 않는다. 반면에 성공한 학자에게는 그에 걸맞은 큰 대가가 기다리고 있다. 연구자나 학자의 세계에서도 아메리칸드림이 가능한 것이다.

우물을 벗어나야 비로소
세계가 보인다

연구자나 비즈니스맨이 정당하게 평가받기 위해서는 무엇이 필요할까? 왜 일본에서는 제대로 된 평가가 이루어지지 않을까? 가장 큰 원인은 회사를 그만두려고 하지 않기 때문이다. 연구원이든 누구든, 일단 회사에 들어가면 무슨 일이 생겨도 그만두려고 하지 않는다.

미국이나 유럽에서는 그런 경우가 거의 없다. 이는 프로스포츠 선수를 보면 잘 알 수 있다. 그들은 자신이 속한 팀에 계속 머무르지 않는다. 자신의 능력을 인정해 주고 더 높은 개런티를 제시하는 팀으로 옮긴다. 만약 자신이 속한 팀에서 나가고 싶지 않다면 받고 있는 금액보다 더욱 큰 금액을 달라고 교섭한다. 이렇게 실력이 있고 인기 있는 스포츠 선수는 계약할 때마다 점점 몸값이 올라간다.

미국에서는 연구자도 이러한 교섭을 한다. 실력 있는 연구자는 대개 5년 이상 한 곳에서 일하지 않는다. 5년 이내에 더 좋은 조건을 제시하는 연구소나 회사로 이동한다. 그래서 스포츠 선수와 마찬가지로 그만둘 때마다 계약금이 올라간다.

일본 기술자나 연구자의 지위가 향상되지 않는 것은 실력에 따른 대가를 요구하지 않기 때문이다. 이들은 대기업이나 큰 연구소에 꼭 붙어서 움직이지 않는다. 그래서 이들의 꿈도 늘 정체돼 있다.

미국의 연구자가 현재의 자리를 그만둘 때는 물론 금전적인 이유도 있지만 새로운 일에 도전하고 싶어서일 때도 있다. 새로운 일에 도전하여 또 다른 꿈을 실현하기 위해 이직하는 것이다. 그래서 나는 무슨 일이 있을 때마다 정말로 실력 있는 사람이라면 지금 다니고 있는 회사나 연구소를 그만두라고 말한다.

실제로 내 연구실에는 일본의 대기업 전기회사를 그만두고 와 있는 학생이 있다. 연구원으로서 스탠퍼드 대학교에서 유학하는 동안 일본의 기업 풍토에 만족하지 못하고 더 큰 무대에서 자신의 힘을 시험해 보고 싶었던 것이다. 그도 역시 벤처기업 창업을 목표로 하고 있다.

이처럼 뜻이 있는 사람은 현재의 자리에 안주하지 말고 새로운 세계에서 자유롭게 자신이 하고 싶은 분야에 매진하면 좋을 것이다. 그렇게 자신의 능력을 성장시켜라. 그러면 언젠가는 꿈을 이룰 수 있다.

집념이 있는 한
미래는 있다

나도 마찬가지다. 미국으로 옮겨 당분간은 질화갈륨과 관련된 연구를 할 것이다. 하지만 내가 정말로 하고 싶은 일이 무엇인지 지금 당장은 알지 못한다.

청색 LED를 개발했을 때처럼 나 자신을 정말로 밑바닥으로 떨어뜨릴 만한 새로운 연구를 하고 싶다. 그것이 무엇인지는 아직 정하지 못했다. 그렇기에 진짜 도전이며 정말로 바닥에서 다시 시작하는 것이다. 그렇지만 학술 연구가 아닌 무언가 제품을 만드는 일을 최후의 목표로 삼고 있는 것만은 변함이 없다. 그래서 이에 관해서는 자신이 있다. 아마도 5, 6년 지나면 새로운 무엇인가를 만들어 낼 수 있을 것이다.

나는 수렁에 빠져서도 오기로 다시 일어난 경험이 있다. 연구 개발을 향한 투지만 있다면 문제없다. 이 투지와 타고난 헝그리 정신으로 목표를 향해 나아갈 것이다.

다시 한 번 청색 LED 개발에 성공했을 때의 감동을 되살리고 싶다. 남의 눈에 띄지 않는 어두운 곳에서 마치 커다란 반딧불이처럼 푸르스름하게 빛나는, 그 빛을 찾아서.

벽을 기어올라서라도 끝까지 해내라.
시간이 걸려도 상관없다. 멀리 돌아가도 좋다.
서툴러도 괜찮다.
어쨌든 하나를 완성하는 일,
이것이 가장 중요하다.

불가능을 뛰어넘은 노벨물리학상 수상자 나카무라 슈지의 성공법

문수영, 서울반도체·서울바이오시스 수석연구원

청색 LED을 연구하는 사람이라면 누구나 나카무라 슈지 교수(이하 저자)의 논문을 보았을 것이다. 저자는 질화갈륨 발광소자[LED, Laser]를 연구하면서 300여 건 이상의 특허와 600여 편 이상의 연구 결과를 논문으로 발표했다. 그가 게재한 논문은 청색 LED 연구자들의 논문에 가장 많이 인용, 참고되고 있다. 그만큼 청색 LED 연구 분야에서 가장 핫[Hot]한 인물이다.

　이런 저자의 책을 감수하게 되어 처음에는 큰 부담으로 다가왔으나 한국 사람 중에서는 그 누구보다 저자를 잘 알고 있다고 자부하고 있기에 흔쾌히 수락할 수 있었다. 이 책은 저자의 어린 시절부터 21세기의 빛 혁명이라 일컫는 청색 LED를 개발하기까지의 과정이 저자의 목소리로 생생하게 담겨 있다. 이 책을 통해서 저자의 이야기가 한국의 많은 독자들에게 전달되고 도움이 되기를 바라는 마음이다.

나는 현재 미국 캘리포니아 대학교 샌타바버라 캠퍼스에서 저자와 함께 조명용 LED와 질화갈륨 결정 성장에 관한 연구를 하고 있다. 기존의 사파이어 기판 대신 동종의 질화갈륨 기판을 사용하게 되면 현재의 기술적인 난제를 원칙적으로 해결할 수 있으며, 현 수준 대비 10배 더 밝은 LED 조명을 만들 수 있다.

처음 저자를 만난 것은 그가 일본을 떠나 미국으로 이주하기 전, 일본 응용물리학회에서였다. 나 역시 화합물 반도체Compound Semiconductor 발광소자에 관한 연구를 하고 있었기에 고효율, 고휘도 청색 LED을 개발하고 상용화에 성공한 그는 내게 선망의 대상이자 부러움의 상징이었다.

그는 언제 어디에서나 자신의 생각을 거침없이 이야기한다. 나 역시 일본에서 8년 이상 공부하고 생활을 했기에 일본인에 대해 비교적 많은 것을 알고 있다고 생각하지만 가끔 그와 이야기를 나누다 보면 보통의 일본인과는 다른 면모에 놀랄 때가 많다.

그리고 그는 세계적인 명성과 달리 권위적이지 않고 매우 소탈하고 검소하다. 그는 10년 이상 된 검정색 카시오 전자시계를 항상 착용한다. 한번은 내가 대학에서 주는 연봉과 컨설팅으로 많은 돈을 버

나카무라 슈지 교수(오른쪽 두 번째)와 감수자인 문수영 박사(왼쪽 첫 번째) 그리고 나카무라 교수 연구팀에서 함께 일하는 대학원생들.

는데 왜 아직도 낡고 싼 카시오 전자시계를 착용하느냐고 물었더니 그는 이렇게 답했다.

"해외 출장이 잦은데 어느 나라에서도 이 시계는 멈춘 적이 없습니다. 이 시계로도 충분히 시간을 확인할 수 있으니 그걸로 된 거죠."

자신의 연구팀에서 함께 일하는 대학원생들에 대한 애정도 남달라서, 좋은 연구 결과가 나올 수 있도록 늘 아낌없이 격려하고 지도해 준다. 또한 그는 자신의 연구 결과를 지키기 위해 특허 출원이 중요하다고 말하곤 한다. 그 역시 니치아화학과 오랜 특허 소송을 치렀기에 특허의 소중함을 누구보다도 자세히 알고 있다. 그래서 자신의 대학원생들이 우수한 연구 결과를 내면 특허를 출원해 연구 결과를 보호받을 수 있도록 도와준다. 그뿐만 아니다. 매년 그는 자신이 공동 디렉터로 소속된 SSLEEC에서 특허를 여러 LED 업체들에게 판매하고 그 수익금을 학생들에게 다시 돌려준다.

21세기 빛 혁명을 가져온
청색 LED

청색 LED의 상용화는 인류의 삶에 큰 영향을 미치고 있다. 빛의 삼원색인 적색, 청색, 녹색 광이 완성되어 백색 광원이 가능해지면서 다양한 디스플레이 장치에 응용되고 있다. 백열등 같은 기존의 광원 대신 LED 램프 같은 완전히 새로운 방식의 조명이 세상에 등장하면서 더 오래 사용할 수 있고 에너지 효율도 우수해졌다. 전 세계 전기 소비량의 4분의 1이 조명에 사용되는 만큼 LED 램프는 지구의 자원 절감에도 크게 기여할 것으로 예상된다. 또한 질화갈륨의 고품질화로 화합물 반도체의 연구 개발이 촉발되었으며 질화갈륨 결정을 기반으로 하는 차세대 광소자 기술, 예를 들어 라이파이[Li-Fi](빛에 디지털 정보를 실어 보내는 데이터 전송기술)나 전자소자 [HEMT](파워소자)에 관한 연구가 집중되고 있다.

"에디슨의 백열등이 인류의 100년을 밝혔다면 LED 조명은 1,000

년을 밝힐 수 있을 것이다!"라고 어느 기업은 얘기했다. 이제 에디슨이 개발한 백열등은 역사 속으로 점점 사라지고 있다. 모든 인류가 LED 조명을 사용하는 시대가 열릴 것이다. 전 세계 조명을 전부 LED 램프로 교체하면 전 세계 에너지의 25퍼센트를 절약할 수 있으며, 하나뿐인 우리의 소중한 지구도 보호할 수 있다.

하지 않으면 그 무엇도
이룰 수 없다

저자는 니치아화학에서 홀로 질화갈륨 LED와 관련한 모든 연구를 시작했고 불굴의 집념으로 끝까지 완성해 냈다. 그때까지만 하더라도 니치아화학은 질화갈륨 LED에 대한 어떤 기술이나 노하우를 가지고 있지 않았다. 당시 유기금속화학증착장치로 질화갈륨 성장을 1,000번 이상 진행했다고 한다. 그로 인해 질화갈륨 연구에서 나타날 수 있는 모든 문제와 상황을 경험해 볼 수 있었다는 것이다.

현재 세계 LED 업계의 시장점유율 부동의 1위는 니치아화학이다. 이 모든 것을 저자가 이룩했다고 해도 과언이 아니다. 카탈로그 한 장 받기도 어려웠던 작은 도시인 도쿠시마에서 세계 1위의 기업이 탄생한 것이다. 놀라운 것은 세계적인 기업들도 27년간이나 하지 못한 일을 시골의 이름 없는 중소기업에서 샐러리맨 연구원이 혼자 해냈다는 점이다. 이 점은 현재를 살아가고 있는 많은 사람들에게 시사하는 바가 크다.

살면서 크고 작은 어려움이 닥치면 대부분의 사람들은 그 길을 포기하고 더 쉬운 길을 찾으려 한다. 그러나 누구나 자신의 열정을 바쳐서 노력한다면 이루지 못할 것이 없다. 저자는 스스로 할 수 있다고 믿고 끝까지 포기하지 않고 노력한다면 안 되는 일이 없다고 늘 말한다. 일단 하지 않으면 아무것도 이룰 수 없다. 당연한 말이지만 많은 사람들이 가장 기본적이고 중요한 사실을 잊고 살고 있다.

사실 연구자 입장에서 노벨상까지 받았으면 연구자로서 모든 것을 이루었다고 생각할 수 있다. 모든 것을 내려놓고 주위로부터 대우를 받으려고 할 수도 있을 것이다. 그러나 저자는 지금도 변함없이 매일 자신의 연구실로 출근해 질화갈륨에 관한 연구를 하고 있다.

그는 노벨상은 자신의 연구 인생의 최종 목적지가 아닌 하나의 '과정'일 뿐이라고 이야기한다. 이런 모습을 옆에서 지켜볼 수 있다는 것만으로 내게는 엄청난 공부가 되고 있으며, 그의 인생철학은 개인적으로 살아가는 데 있어서도 훌륭한 자극이 되고 있다. 이 책을 만난 독자들도 내가 저자에게서 느낀 바에 공감하고 그것이 살아가는 데 힘이 되었으면 한다. 어떤 힘들고 어려운 일이 자신의 앞을 가로막더라도 쉽게 좌절하거나 포기하지 않고 끝까지 해내기를 바란다.

마지막으로 저자와의 짧은 대화로 글을 마무리하려 한다.

"교수님, 무엇 때문에 공부를 해야 한다고 생각하십니까?"

"인생에 힘들고 어려운 일이 닥쳤을 때 해결책을 생각할 수 있는 사람이 되기 위해서입니다. 공부는 살면서 부딪히게 되는 힘든 일을 해결하기 위해 자신감을 쌓는 과정입니다. 매일매일 자신 앞에 놓인 문제를 해결해 나가다 보면 어느 순간 자신도 모르게 자신감이 쌓이게 되고, 이렇게 축적된 자신감은 인생의 난관에 직면했을 때 그것을 뛰어넘을 수 있는 힘의 원천이 될 것입니다."

감수자 **문수영**

경북 대학교를 졸업하고 일본 국립 도요하시기술과학豊橋技術科学 대학에서 발광소자 관련 박사학위를 취득했다. 서울바이오시스(구 서울옵토디바이스, 서울반도체 자회사)의 중앙연구소 수석연구원으로 LED 관련 연구를 하고 있다. 2013년 6월부터는 미국 캘리포니아 대학교 샌타바버라 캠퍼스 SSLEEC Solid State Lighting & Energy Electronics Center에서 나카무라 교수팀과 함께 고효율 LED와 벌크 질화갈륨 Bulk GaN 성장에 관한 연구를 진행 중이다.

남들이 하지 않는 제로의 가능성에 도전해 21세기 LED 시대를 열다

유용하, 《서울신문》 과학기자

2014년 노벨과학상 분야에서 최고 화제는 단연 물리학상 분야였다. 청색 LED를 개발한 공로로 나카무라 슈지 미국 캘리포니아 대학교UCSB 교수, 아카사키 이사무, 아마노 히로시 일본 나고야 대학교 교수 등 세 명의 일본인이 물리학상을 수상했기 때문이다. 더군다나 기초과학 분야가 아닌 실용기술 분야가 노벨물리학상을 받았다는 것도 과학계에서는 이례적으로 받아들여졌다. 특히 아카사키, 아마노 교수가 청색 LED 연구의 단초를 제공했다면 나카무라 교수는 상용화의 돌파구를 연 장본인으로 평가받고 있다.

청색 LED 발명은
램프 기술의 혁명

이들을 노벨물리학상 수상자로 선정한 노벨위원회는 횃불, 백열전구, 형광등, LED를 차례로 언급하면서 "청색 LED 개발은 램프 혁명"이라고 평가했다. 페르 델싱Per Delsing 노벨물리학상 심사위원은 수상자를 발표하는 순간, 미리 준비한 LED 램프와 스마트폰의 플래시를 켜는 등 생활 곳곳에 침투한 LED 조명을 강조했다.

이제 LED를 제외하고 우리 주변의 조명을 설명하기란 어려울 정도가 되었다. 가전제품뿐만 아니라 가로등, 신호등 같은 공공 조명들도 속속 LED로 바뀌고 있다. 조명이 LED로 바뀌고 있는 가장 큰 이유는 아무래도 에너지 효율 때문이다. LED는 전기 에너지를 빛 에너지로 전환하는 효율이 높기 때문에 적은 전기로도 빛을 얻을 수 있다. 반면 전기 에너지의 90퍼센트 가까이를 빛이 아닌 열로 만들어 내는 백열등은 조명기구로서의 효율성이 떨어진다. 이 때문에 2020년 유럽 주요 국가들의 LED 조명 점유율은 최대 75퍼센트까지 치솟을 전망이다.

또 작고 무게가 가볍다는 점도 장점으로 꼽힌다. 물론 기존 백열등이나 형광등처럼 대형, 대광량 제작이 어렵다는 단점이 있지만 최근 대면적 LED 제작 기술이 개발되고 있어 이 같은 한계도 곧 뛰어넘을 것으로 보인다.

　LED는 갈륨, 인, 비소 등을 재료로 한 전자소자로, 인화갈륨을 재료로 하면 적색, 갈륨인을 재료로 하면 녹색 빛을 낸다. 1968년 미국에서 적색 LED가 처음 개발됐고, 황색과 녹색 LED도 잇달아 선을 보였지만 파장이 짧은 청색 LED는 1990년대까지 난공불락의 장벽이었다. 질화갈륨이라는 물질을 이용하면 청색 LED를 만들 수 있다는 사실을 알고는 있었지만 실용화하기에는 효율이 지나치게 낮았기 때문이다.

　그런데 나카무라 슈지 교수를 포함한 수상자들이 이 같은 난제를 해결했다. 빛의 삼원색인 적색, 녹색, 청색RGB이 섞여야 백색광이 만들어지는데, 청색 LED가 없으면 LED를 조명기구로 쓰기는 곤란했다. 이들 삼인방이 청색 LED를 개발해 효율을 10퍼센트대로 끌어올린 덕분에 LED 조명 시대가 열린 것이다.

자살 방지용 조명으로 활용되는
청색 LED

　　　　　　　　　우리의 일상에서 쉽게 만날 수 있는 청색 LED로는 컴퓨터 모니터와 대형 TV를 들 수 있다. 이들 디스플레이의 백라이트 광원에는 청색 LED가 포함돼 있다. 뿐만 아니라 휴대전

화나 전광판, 광고판, 경관조명 등 빛과 관계된 장치나 제품 속에는 어김없이 청색 LED가 숨어 있다고 볼 수 있다.

적색 LED는 간단한 표시등이나 계산기에서 사용됐고, 황색과 녹색 LED가 발명되면서 그 응용 범위는 더 넓어졌다. 여기에 청색 LED의 발명을 통해 백색광이 만들어지면서 그 응용 범위는 폭발적으로 늘어났다.

청색 LED 역시 개발 초기에는 비싸고 효율이 낮았지만 과학자들의 노력으로 이런 단점들이 개선됐다. 그 덕분에 백색 LED의 발광량은 와트당 300루멘lm에 이른다. 백열등의 발광량은 와트당 15루멘, 형광등은 70~80루멘에 불과하다는 사실과 비교하면 청색 LED의 발명이 얼마나 대단한 것인지 알 수 있다.

2000년대에 들어서면서 LED는 LCD 화면이 잘 보이도록 하는 백라이트에 적용되기 시작했다. 덕분에 얇고 효율이 좋은 디스플레이가 구현될 수 있었다. LED의 장점은 빨강에서 파랑까지 모든 색깔을 포함하고 있어 상황에 따라 바꿀 수 있는 감성 조명의 출현을 가능케 한다.

실제로 LED를 이용한 감성 조명이 여기저기서 활용되고 있다. 덴마크와 스웨덴 등 북유럽 국가들은 겨울이 되면 낮이 짧고 밤이 길기 때문에 우울증을 앓는 이들이 늘어난다. 우울증 환자들은 때때로 자살이라는 극단적인 결정을 하기도 하는데, 이를 방지하기 위한 수단으로 북유럽 국가들은 LED 조명을 이용해 햇빛에 가장 가까운 컬러와 색조, 분위기를 연출하고 있다.

한편 LED가 기존 반도체 기술과 결합하면 새로운 기능도 가능해진다. LED 칩에 다양한 반도체 센서와 광학 부품을 결합할 경우, 사람의 동선을 따라 방향이나 세기, 스펙트럼까지 조절할 수 있는 지능형 조명의 구현이 가능해진다. 스마트 그리드 기술을 결합할 경우에는 효율적 전력 관리까지 가능해진다.

뿐만 아니라 LED 기술은 예상치 못한 분야에서도 활용되고 있다. 질화갈륨을 이용한 LED는 구현할 수 있는 파장이 넓기 때문에 살균이나 소독을 위한 자외선 파장 영역(280nm 대역)의 광원으로 사용되기도 하고, 치료기기나 분석기기 등 의료기 분야에서도 활용할 수 있다. 또 농수산 분야에서도 활용되고 있는데, LED 조명으로 딸기와 국화, 들깨 등 농산물을 키운 결과 생산량이 20퍼센트 가량 증가하고, 전력 소모는 70퍼센트까지 감소했다는 연구 결과도 있다.

지방대 출신의 샐러리맨,
대형사고를 치다

나카무라 슈지 교수는 1954년 일본 시코쿠 에히메 현이라는 시골 동네에서 태어났다.

어린 나카무라는 우리나라에서도 유명한 《우주소년 아톰》에 나오는 오차노 미즈 박사처럼 되고 싶어 했다. 그리고 고등학생이 되어서는 "나는 내 방식대로 공부할 것"이라며 수학과 물리의 어려운 문제만 골라서 풀었다.

대학 졸업 후 그가 택한 회사는 직원 200여 명의 중소기업 니치아화학공업(이하 니치아화학)이었다. 당시 니치아화학은 브라운관에 쓰이는 형광체를 만들고 있었다. 학교 다닐 때도 독특한 학생이었던 나카무라의 회사 생활은 쉽지 않았다.

입사 후 10년 동안 갖은 노력 끝에 세 가지 제품을 개발해 상품화에 성공했지만 대기업 제품이 아니라는 이유로 시장에서 외면당하기 일쑤였다. 성과를 제대로 인정받지 못하던 그는 어느 날 "어려워서 사람들이 손대지 않는 것을 만들겠다."고 선언했다. 나카무라 교수가 택한 것은 그 당시 20세기 안에는 절대 만들 수 없을 것이라고 여겨졌던 청색 LED였다.

1989년에는 회사의 지원을 받아 미국 플로리다 대학교에 유학을 다녀왔고 그 뒤 본격적으로 제품 개발에 나섰다. 당시를 회상하며 나카무라 교수는 "내가 대기업 연구원이었다면 감히 사장에게 직접 건의하지 못했을 것"이라며 "사람은 공부든 일이든 자기가 좋아하는 것을 찾아서 해야 고생도 참을 수 있고 최선을 다할 수 있다."고 말했다.

실제로 청색 LED를 개발하는 4년 동안 그는 회의에 참석하지 않는 것은 물론 전화조차 받지 않았다. 기존에 청색 LED는 셀렌화아연으로만 만들 수 있다고 믿었는데, 나카무라 교수는 파격적으로 질화갈륨을 이용했다. 이 때문에 주변 사람들은 '미친 짓'이라고 비웃기까지 했다. 하지만 1993년, 500번이 넘는 시행착오 끝에 그는 모두가 불가능하다고 여겼던 청색 LED를 세계 최초로 제품화하는 데 성공했다.

노벨상 수상 후 우리나라를 찾았을 당시 나카무라 교수는 "노벨상은 작은 기업에서 나온다."고 단언하며 "노벨상은 미친 짓을 해야만 받을 수 있는데 수많은 상사들이 있는 대기업에서는 기발한 '미친' 아이디어가 절대 받아들여질 수 없기 때문"이라고 강조했다.

되찾은 권리로
거대한 기부를 하다

청색 LED 개발로 노벨상 수상의 영광을 얻은 나카무라 교수는 자신이 몸담았던 니치아화학과의 특허 분쟁으로 마음고생을 하기도 했다.

니치아화학에서 근무하면서 청색 LED를 개발했지만, 회사가 준 보상은 고작 우리 돈으로 20만 원에 불과했다. 2001년 나카무라 교수는 니치아화학을 상대로 '청색 LED 소송', '404 특허소송', '나카무라

재판' 등 다양한 별명으로 불린 청색 LED의 특허료 청구 소송을 제기했다. 그는 이 소송에서 자신이 발명한 청색 LED의 특허 권리를 반환해 주거나 200억 엔을 지불하라고 요구했다.

1심인 도쿄지방재판소는 2002년 니치아화학 쪽의 손을 들어 주었다. 하지만 2004년에는 회사가 청색 LED로 얻은 이익인 1,208억 엔의 절반인 604억 엔을 원고인 나카무라 교수의 공헌도로 판단, 원고가 청구한 200억 엔을 지불하라고 했다. 니치아화학이 이 같은 재판부의 판단에 항소하면서 도쿄고등재판소에서는 2004년 화해를 권고했고 니치아화학과 나카무라 교수가 이를 극적으로 받아들였다. 결국 2005년 니치아화학은 나카무라 교수에게 화해금 8억 4,000만 엔을 지불하면서 지리했던 특허소송은 결론이 났다. 이듬해인 2006년에는 니치아화학이 특허권 포기를 밝히기도 했다.

나카무라 교수의 특허 소송은 단순히 금액 문제가 아니라 직무 발명에 대한 연구자의 기여도를 기업에서 얼마나 인정해야 하는가에 대한 근본적 문제와 닿아 있다. 월급을 받는 직원임에도 발명가로서의 권리를 인정해 줘야 하는가와 기업에 소속된 직장인의 책무와의 논쟁이라는 점에서 직무 발명의 권리인정은 여전히 뜨거운 감자다.

사실은 이 소송 이전에도 나카무라 교수와 니치아화학은 소송전을 벌인 바 있다. 2000년 나카무라 교수가 미국의 대학에 스카우트되자, 니치아화학 측이 '영업 비밀법 및 컴퓨터 사기도용 방지법'을 근거로 나카무라 교수가 회사 기밀을 유출했다며 미국 노스캐롤라이나 연방지방재판소에 소송을 제기했다. 그러나 재판부가 니치아화학의 청구를 기각하면서 소송은 나카무라 교수의 승리로 끝났다.

나중에 나카무라 교수는 특허 소송에서 화해금으로 받은 8억 4,000만 엔 전액을 과학진흥기금으로 기부하면서 특허 소송이 결코 자신의 이익을 채우기 위한 것이 아니라는 점을 명확히 하기도 했다.